# WEB DEVELOPMENT

# Sommario

**HTML**

# Premessa

Hypertext Markup Language (HTML) è il linguaggio di markup sottostante del World Wide Web. È il filo conduttore che unisce virtualmente ogni sito Web, dai siti aziendali su larga scala come Microsoft ai progetti di una sola pagina in classe presso la scuola elementare locale. Non lasciare che la frase "linguaggio di markup" ti intimidisca, un linguaggio di markup annota o "contrassegna" il testo normale, consentendo a un browser di sapere come formattare il testo in modo che appaia bene su una pagina Web. È facile iniziare: infatti, puoi creare una semplice pagina Web in pochi minuti.

Sebbene esistano strumenti che possono aiutare ad accelerare il processo di scrittura di pagine Web, tutto ciò di cui hai veramente bisogno è un normale programma di modifica del testo come Microsoft Notepad o l'equivalente dei sistemi Linux o Mac.

Non hai bisogno di software speciale o formazione approfondita, scoprirai come trasformare il testo normale in una formattazione accattivante, come incorporare la grafica e collegamenti ipertestuali e come chiunque può creare contenuti Web praticamente in qualsiasi programma che modifica il testo.

Scoprirai anche le differenze tra HTML4, XHTML e HTML5, in modo da capire a quale versione di HTML desideri che il tuo codice sia conforme.

# Capitolo 1: Cos'è HTML?

In termini semplici, una pagina Web (o un documento HTML) è un file di testo normale che è stato codificato utilizzando l'Hypertext Markup Language (HTML) in modo che appaia ben formattato in un browser Web. Ecco cosa significa HTML, parola per parola:

- Hypertext: Testo ipertestuale su cui fai clic per passare da un documento all'altro. Questo è un riferimento alla capacità delle pagine Web di collegarsi tra loro;

- Markup: elementi detti "tag" che applicano convenzioni di layout e formattazione al testo normale. Letteralmente, il testo normale è "contrassegnato" con i tag;

- Language: Un riferimento al fatto che l'HTML è considerato un linguaggio di programmazione.

Quando si pensa alla programmazione per computer, di solito si pensa di scrivere un programma compilato. Un linguaggio di programmazione compilato esegue il codice di programmazione leggibile dall'uomo tramite uno strumento che lo converte in un file eseguibile (solitamente con un'estensione .exe), che viene quindi distribuito agli utenti.

Al contrario, l'HTML è un linguaggio di programmazione interpretato, ciò significa che il programma è distribuito in un formato leggibile dagli utenti e il programma in cui è aperto si occupa di eseguirlo. Il codice HTML per le pagine Web risiede nei file quindi ogni volta che il browser Web apre una pagina Web, elabora il codice HTML all'interno del file.

Il codice all'interno di un file HTML è costituito da testo circondato da tag. Questi tag indicano dove deve essere applicata la formattazione, come dovrebbe apparire il layout, quali immagini devono essere collocate in determinate posizioni e altro ancora. Ad esempio, supponi di voler inserire in corsivo una determinata parola.

In HTML, non è presente alcun pulsante su cui fare clic, come in un programma di elaborazione testi. Pertanto, devi "taggare" la parola che vuoi mettere in corsivo. Il codice per attivare il corsivo è <i> e il codice per disattivare il corsivo è </i>. Il tuo codice HTML sarebbe simile a questo:

<i> Test </i>

Questo è un esempio di un tag a due lati, che racchiude il testo tra i tag di apertura e di chiusura, in questo caso <i> e </i>.

Presta attenzione alla barra nel tag di chiusura (</i>) perché quella barra differenzia un tag di apertura da un tag di chiusura.

Con un tag a due lati, c'è sempre un tag di chiusura corrispondente per ogni tag di apertura. Per capire come è nato questo sistema di tagging, è necessario sapere che ai vecchi tempi di Internet, quasi tutti si collegavano ad esso utilizzando un modem dial-up, a velocità comprese tra 2400 bps e 28,8 Kbps.

I file di testo vengono trasferiti molto più velocemente dei file binari, quindi affinché qualsiasi tipo di sistema di condivisione delle informazioni fosse popolare, doveva essere basato su testo. In caso contrario, i tempi di attesa del caricamento di una pagina sarebbero molto più lunghi. Anche le persone che progettavano pagine Web desideravano che le loro pagine fossero attraenti, tuttavia, non potevano solo formattare le pagine in un elaboratore di testi perché ogni elaboratore di testi gestiva la formattazione in modo diverso ed era impossibile sapere quale potesse essere utilizzato da un visitatore di un sito.

I file di elaborazione testi sono anche molto più grandi dei file di testo normale, perciò, i creatori del Web hanno sviluppato una soluzione elegante.

Invece di inviare le pagine formattate su Internet, hanno creato un'applicazione, un browser Web, in grado di interpretare i codici di testo (tag HTML) come istruzioni di formattazione. Il testo può essere inviato in modo rapido ed efficiente, quindi essere elaborato e visualizzato in modo attraente e graficamente sul PC locale.

L'HTML funzionava benissimo da solo per tutti i tipi di formattazione del testo, ma alcuni progettisti Web volevano includere la grafica nelle loro pagine. Per far fronte a ciò, è stato creato il tag <img>, che i progettisti usano per fare riferimento ad immagini memorizzate su un server. Quando il browser Web arriva a quel tag, richiede che il file immagine venga scaricato dal server e visualizzato nella pagina. Il tag <img> è molto diverso dal tag <i> infatti è unilaterale, il che significa che non ha un tag di chiusura e accetta attributi.

Un attributo è un testo all'interno del tag contiene informazioni su come dovrebbe comportarsi il tag. Ad esempio, per un tag <img>, devi specificare una sorgente, abbreviato src. Ecco un esempio:

<img src = "casa.gif">

Questo tag <img> utilizza l'attributo src e specifica che deve essere visualizzato il file casa.gif.

Molti tag accettano attributi, facoltativi o obbligatori perciò vedrai molti esempi durante gli esercizi di questo libro.

Con l'HTML, puoi anche creare collegamenti ipertestuali da una pagina all'altra. Quando un visitatore di un sito Web fa clic su un collegamento ipertestuale, il browser carica la pagina di riferimento o passa a una sezione contrassegnata (un "segnalibro") all'interno della stessa pagina. Il tag per un collegamento ipertestuale è <a>, un tag a due lati, ma è fondamentale l'attributo che specifica il file o la sezione del sito a cui saltare. Ad esempio, per creare un collegamento ipertestuale con le parole *Fare clic qui* che salta al file *index.html* quando viene cliccato, la codifica sarà simile a questa:

<a href="index.htm"> Fai clic qui </a>

C'è molto di più in HTML, ovviamente, ma fondamentalmente è così che funziona. Il testo normale è contrassegnato con tag che indicano dove devono essere applicati elementi come formattazione, collegamenti ipertestuali e grafica così un browser Web interpreta tali tag e visualizza la pagina nel suo stato formattato. Il trucco, ovviamente, è sapere quali tag utilizzare, dove sono appropriati e di quali attributi hanno bisogno ed è per questo che hai bisogno di questo libro.

Questo libro insegna la codifica HTML ai principianti ma la insegna in un modo piuttosto elementare: creando file di testo in Blocco note. Ci sono così tanti buoni programmi per la creazione di siti Web al giorno d'oggi sul mercato che forse ti starai chiedendo perché questo libro adotti questo approccio. In poche parole, creare il tuo codice da zero è il modo migliore per imparare l'HTML.

Potrai costruire un sito Web da zero, scrivendo tu stesso ogni riga di codice e avere il controllo di tutto il sito. È più lento e meno divertente come processo rispetto ad un programma grafico, ma è un ottimo allenamento. Tuttavia, sarai un progettista Web molto più bravo e capirai molto meglio cosa sta succedendo nei programmi di progettazione se ti impegni con un editor di base all'inizio.

# Capitolo 2: Quale versione usare?

Versioni diverse di HTML utilizzano tag diversi per alcuni tipi di contenuto, sebbene siano più simili che diversi in generale, specialmente al livello principiante trattato in questo libro. Ecco un rapido confronto delle versioni HTML che potresti incontrare:

- HTML4: Un set di codici molto stabile e universalmente accettato, che è anche abbastanza indulgente per piccoli errori di codifica. L'uso dei codici HTML4 è auspicabile quando la compatibilità con tutti i browser è davvero importante;
- XHTML: Un'implementazione rigorosa e basata su standard di HTML4 creata con XML (eXtensible Markup

Language). La codifica XHTML utilizza gli stessi codici di HTML4, quindi è compatibile con gli stessi browser di HTML4;

- HTML5: Un set di tag rivisto che si basa su HTML4 per aggiungere nuove funzionalità.

HTML5 offre molti notevoli miglioramenti nelle aree della gestione delle applicazioni e dei multimedia, ma molte di queste caratteristiche esulano dallo scopo di questo libro. In termini di codifica di base, la differenza più grande è che ci sono nuovi codici specifici per diversi tipi di contenuto che in precedenza erano gestiti con tag più generici.

Ad esempio, HTML5 ha tag <audio> e <video> per l'inserimento di contenuti multimediali, mentre HTML4 inserisce tutti i tipi di contenuti multimediali tramite un tag generico <embed>. Poiché questo è un libro sull'HTML5, potrebbe sembrare una decisione ovvia usare la tua codifica utilizzando i tag HTML5, ma non è così semplice come nelle situazioni del mondo reale.

Un buon browser Web dovrebbe idealmente supportare ogni tag e ogni versione di HTML possibile, perché le varie differenze di versione HTML dovrebbero essere completamente invisibili al visitatore del sito Web. Tuttavia, HTML5 è il nuovo standard per tutti i browser sia in versione desktop che mobile. Ecco un sito che elenca le funzioni HTML5 supportate da ciascuna versione di ciascuno dei browser Web più diffusi: http://caniuse.com.

Il codice che creerai mentre svolgi gli esercizi di questo libro è basato su HTML5, ma ti mostrerò anche alcune soluzioni alternative in situazioni in cui i codici HTML5 potrebbero causare problemi in alcuni browser. Imparerai entrambi i modi per creare un certo effetto, in modo da poter riusare i codici nella vita reale, se necessario.

Useremo HTML5 perché consente un codice più pulito e più facile da scrivere. La tecnologia delle pagine Web è cresciuta a passi da gigante, principalmente a causa dell'aumento della velocità di connessione a Internet, ma anche perché utenti, designer e programmatori richiedono sempre più funzionalità dalle loro pagine Web, ad esempio, un controllo più preciso dei caratteri e del layout, rendering migliore su dispositivi di dimensioni variabili (dai telefoni cellulari agli enormi monitor desktop), immagini migliori, maggiore interattività, video, audio, animazioni e un migliore supporto per vari formati di file e immagini.

Poiché la maggior parte delle persone dispone di connessioni veloci, non è necessario attendere molto tempo per il caricamento di pagine che contengono file audio e video di grandi dimensioni, il che significa che sempre più siti includono contenuti audio e video. HTML non è stato originariamente progettato per i rigori della distribuzione di contenuti multimediali, quindi sempre più siti professionali di fascia alta sono passati ad altri linguaggi e tecnologie che si basano su HTML per fornire quei contenuti, come JavaScript, Java e Active Server Pages (ASP).

HTML5 aggiunge alcuni nuovi tag importanti per rendere l'integrazione di audio, video e applicazioni più fluida e affidabile, inoltre, rimuove il supporto per alcuni dei tag meno recenti. Ad esempio, un vecchio modo (pre-HTML4) di specificare un carattere era il tag <font>. Oggi, la maggior parte delle persone usa fogli di stile a cascata (CSS) per definire i caratteri, quindi il tag <font> non è stato utilizzato da moltissimi web designer, perciò, HTML5 lo rimuove formalmente dal suo linguaggio.

Una delle cose più importanti che HTML5 rimuove è la capacità di creare siti Web con più frame con i comandi <frame> e <frameset>. È comunque possibile creare siti Web con più sezioni, ma vengono gestiti in modo molto più efficiente utilizzando tabelle o divisioni.

# Capitolo 3: Creare un file HTML

Ogni società ha bisogno di un'infrastruttura con determinate regole che tutti concordano per il bene pubblico generale. Ad esempio, siamo tutti d'accordo sul fatto che una luce rossa significa "stop" e una luce verde significa "via libera". Tutti coloro che vogliono guidare un veicolo devono rispettare quelle regole, altrimenti ne deriva il caos. L'HTML funziona allo stesso modo, puoi essere creativo con il tuo contenuto Web ma deve essere presente una struttura sottostante affinché i browser Web leggano e visualizzino correttamente le tue pagine Web. Ciò significa che il documento deve contenere determinati tag che delineano le sue sezioni principali e indicano al browser quale tipo di codifica utilizza il documento.

Quando si crea un documento HTML5, la prima riga del documento dovrebbe essere questo tag:

<! DOCTYPE html>

Il tag DOCTYPE inizia sempre con un punto esclamativo ed è sempre posizionato all'inizio del documento, prima di qualsiasi altro tag.

La maggior parte dei tag HTML non fa distinzione tra maiuscole e minuscole, ma la parola DOCTYPE dovrebbe sempre essere maiuscola. Usare il tag DOCTYPE è come firmare un contratto, è un tag opzionale ma, quando lo usi, prometti che la tua codifica sarà conforme a determinati standard.

Quando un browser Web incontra un tag DOCTYPE, elabora la pagina in modalità standard. Quando non incontra il tag DOCTYPE, presume che ci sia qualcosa di strano nella pagina ed elabora la pagina in *quirks mode*. Quando il browser vede il tag <!DOCTYPE html>, presume che tu stia utilizzando HTML5.

La distinzione tra modalità standard e quirks mode è avvenuta in passato, quando c'erano problemi con la standardizzazione tra i browser Web. In alcuni browser, per visualizzare correttamente le pagine, era necessario avere un po' di creatività con il codice HTML. La moderna codifica HTML non lo consente ma alcune pagine meno recenti includono ancora queste soluzioni alternative obsolete. Utilizzando il tag DOCTYPE, prometti al browser Web che nella pagina non c'è altro che codice HTML puro.

Le versioni precedenti di HTML utilizzavano tag DOCTYPE più complessi. Se utilizzi la versione HTML 4.01, la sintassi del tag è:

<! DOCTYPE HTML PUBLIC "- // W3C / DTD HTML 4.01 Transitional // EN" "http://www.w3.org/TR/html4/ loose.dtd ">

Se stai utilizzando XHTML, la sintassi per il tag è:

<! DOCTYPE HTML PUBLIC" - // W3C / DTD XHTML 1.0 Transitional // EN "" http://www.w3.org/TR /xhtml1/DTD/xhtml1-transitional.dtd ">

Tutto il codice HTML, tranne il tag DOCTYPE, deve essere inserito nel tag <html> a due lati. Ricorda dall'introduzione che quando un tag è a due lati, richiede un tag di chiusura corrispondente che è identico al tag di apertura ma contiene una barra: </html>. I tag

<html> e </html> fungono da "wrapper" attorno a tutti gli altri tag nel documento.

Il documento dovrebbe avere due sezioni: una testa e un corpo. La sezione Head è definita dal tag a due lati <head>. La sezione Head contiene il titolo della pagina, che è il testo che apparirà nella barra del titolo del browser Web e sul pulsante della barra delle applicazioni di Microsoft Windows. Include anche informazioni sul documento che non viene visualizzato, come i suoi tag <meta>, puoi anche includere righe di codice che eseguono script in linguaggi come Javascript.

La sezione Body è definita dal tag a due lati <body> e contiene tutte le informazioni che appaiono nel browser Web quando si visualizza la pagina.

I tag <html>, <head> e <body> sono tutti facoltativi in HTML, ma dovresti comunque utilizzarli perché è una buona pratica di progettazione. Questi tag sono obbligatori in XHTML, inoltre, in XHTML è necessario aggiungere un argomento al tag <html> che dichiari il suo namespace XML, un riferimento al fatto che XHTML viene creato all'interno di XML. Ecco come dovrebbe apparire il tag di apertura <html> in un documento XHTML:

```
<html          xlmns          =
"http://www.w3.org/1999/xhtml">
```

Adesso apri Notepad e digita il seguente testo:

```
<!DOCTYPE html>
<html>
 <head>
 </head>
 <body>
 </body>
</html>
```

Salva il file sul desktop di Windows (o dove preferisci), ora hai un modello per creare tutti i documenti HTML che ti piacciono.

È possibile riaprire questo file modello e salvarlo con nomi diversi, il che farà risparmiare tempo ricreando questi tag di base.

Se desideri evitare di modificare accidentalmente il modello in futuro, puoi renderlo accessibile in sola lettura. A tale scopo, in "Esplora risorse" di Windows, fare clic con il pulsante destro del mouse sul file, quindi selezionare "Proprietà" dal menu contestuale. Nella finestra di dialogo "Proprietà" selezionare la casella di controllo "Sola lettura". Quando proverai a salvare le modifiche a un file di sola lettura, verrà visualizzato un messaggio di errore e una finestra di dialogo "Salva con nome" richiede di salvarne una copia con un nuovo nome.

Nella sezione <body> del documento, digita il testo che vuoi mostrare sulla pagina Web. Ogni paragrafo di testo deve essere racchiuso in un tag a due lati che ne indica il tipo. Il tipo di paragrafo più semplice è il corpo del paragrafo, indicato dal tag <p>. È un tag a due lati, quindi il testo del paragrafo è posto tra un <p> e un </p>.

In HTML, il codice continua a funzionare anche se </p> viene omesso; in XHTML, questo comportamento non è consentito.

Tuttavia, anche se non hai mai intenzione di scrivere codice in XHTML, è buona norma includere il tag </p>. In questo modo, non cadrai in nessuna cattiva abitudine.

Quando un browser visualizza una pagina Web, inserisce uno spazio bianco verticale tra i paragrafi: solitamente quella spaziatura è utile ma può essere un problema quando lo spazio extra tra le righe è indesiderato, ad esempio per un indirizzo. Per creare un'interruzione di riga senza iniziare ufficialmente un nuovo paragrafo (e quindi aggiungere quello spazio bianco extra), usa il tag <br>. Questo tag unilaterale inserito all'interno di un paragrafo, alla fine di ogni riga, può essere usato in questo modo:

<p> Mario Rossi <br> 333-444-5566</p>

Prova a digitare questo codice e vedere cosa cambia nella tua pagina.

Forse hai notato nell'esercizio precedente che il percorso completo del file appariva nella barra del titolo del tuo browser. Di solito, quando si visualizza una pagina Web, in quel punto viene visualizzato un titolo descrittivo e user-friendly. Quel testo è specificato da un tag <title> che viene inserito nella sezione <head> (chiamata anche intestazione). Ecco un esempio:

```
<head>
  <title>La mia pagina</title>
</head>
```

Un altro elemento che puoi inserire nell'intestazione è il tag <meta> il quale ha diversi scopi, uno di questi è identificare le parole chiave correlate alla tua pagina. L'inserimento di parole chiave appropriate nella tua pagina può rendere più facile per i tuoi utenti trovare la tua pagina quando effettuano ricerche sul Web utilizzando un motore di ricerca. Quando alcuni motori di ricerca indicizzano la tua pagina, si basano non solo sul testo completo della pagina, ma anche su qualsiasi parola chiave che trovano nell'area tag <meta>.

Non tutti i motori di ricerca fanno riferimento ai tag <meta>. Google, ad esempio, non ne fa riferimento perché indicizza solo il testo contenuto nell'area <body>. A causa del potenziale abuso del sistema, oggigiorno sempre meno motori di ricerca le utilizzano.

Ad esempio, supponiamo che un sito Web di giardinaggio sia utile per le persone che cercano informazioni su tutti i tipi di problemi di giardinaggio, come parassiti, erbe infestanti e funghi, e sulla coltivazione di fiori e ortaggi. Forse tutti questi argomenti non sono menzionati nella pagina principale, ma vuoi che le persone che cercano quelle parole siano indirizzate comunque alla pagina principale. Puoi inserire quanto segue nella sezione <head>:

<meta name = "keywords" content = "parassiti, erbacce, funghi, piante, fiori, verdure">

Nota bene che il tag <meta> nel codice sopra è un singolo tag che contiene due attributi: name e content. I valori per ciascuno di questi argomenti seguono il segno di uguale e sono contenuti tra virgolette doppie. Se stai codificando in XHTML, dovresti aggiungere uno spazio e una barra (/) alla fine di un tag <meta> perché è un tag unilaterale (a chiusura automatica) mentre questo non è necessario in HTML.

Il tag <meta> può essere utilizzato anche per reindirizzare i visitatori a un'altra pagina. Ad esempio, supponi di aver detto a tutti l'indirizzo del tuo sito Web e quindi di doverlo spostare su un altro URL. È possibile inserire una pagina "Ci siamo spostati" all'indirizzo originale e utilizzare il tag <meta> per reindirizzare gli utenti al nuovo indirizzo dopo cinque secondi, in questo modo:

```
<meta http-equiv = "refresh" content = "5;
url = http:
//www.miosito.com/newpage.html">
```

Ecco un altro utilizzo comune: il tag <meta>
può specificare uno schema di codifica dei
caratteri. Se vuoi, puoi aggiungere <meta
charset = "utf-8"> alla sezione <head> del tuo
documento per precisare esplicitamente che
la tua pagina è in inglese.

# Pubblicare i file sul server

Durante la maggior parte degli esercizi di questo libro, salverai le pagine sul tuo disco rigido. In questo modo non finiscono nelle mani del pubblico prima di essere completati. Quando una pagina è completa, tuttavia, vorrai trasferirla ad un server Web accessibile pubblicamente (per pubblicarla) in modo che altri possano visualizzarla.

Esistono diversi modi per trasferire i file su un server quindi l'azienda o la persona responsabile del server dovrebbe essere in grado di consigliarti sulle tue opzioni. Di seguito sono riportate alcune delle possibilità che potrebbero essere disponibili:

- Caricamento dei file tramite una connessione FTP usando un browser: Puoi farlo inserendo l'indirizzo di un server FTP (che inizierà con ftp://) nella barra degli indirizzi del tuo browser. Una finestra di dialogo richiede il nome utente e la password per quel server. Se li inserisci correttamente, viene visualizzata una finestra di gestione dei file simile a Esplora risorse di Windows, proprio come se stessi sfogliando qualsiasi cartella sul disco rigido. È quindi possibile trasferire i file trascinandoli in quella finestra o copiandoli e incollandoli nella finestra FTP;

• Caricamento tramite una connessione FTP utilizzando il software FTP: Sono disponibili molte applicazioni FTP di terze parti che semplificano il trasferimento dei file. Queste utilità presentano alcuni vantaggi rispetto al metodo di trasferimento via browser, come la possibilità di riavviare i caricamenti interrotti a causa di errori di comunicazione. Alcuni esempi includono FileZilla (www.filezilla-project.org) e BulletProof FTP (www.bpftp.com);

- Salvataggio diretto in una cartella Web: La maggior parte degli strumenti di sviluppo Web consente di salvare direttamente su un server Web digitando l'URL del sito nella finestra di dialogo "Salva con nome". È molto utile ma sfortunatamente, non puoi farlo in Blocco note.

Questo libro non include il trasferimento di file su un server perché i dettagli del processo differiscono a seconda di molti fattori, tra cui il sito in cui si salva, la disponibilità del software FTP e la versione di Windows che si sta utilizzando. In caso di domande su come caricare i file, chiedere consiglio all'amministratore di rete, al personale di supporto tecnico o al tuo host del dominio.

# Capitolo 4: Formattare il testo

La creazione di pagine Web non è una semplice elaborazione di testi. È importante tenerlo presente mentre impari l'HTML perché dovrai essere paziente mentre impari l'HTML nel modo giusto, cioè nel modo conforme agli standard. Quando la maggior parte delle persone pensa alla formattazione del testo, la prima cosa che viene in mente è scegliere un carattere: un carattere tipografico, una dimensione e un colore. È facile da fare in un documento di elaborazione di testo, ma in HTML è un po' più complicato.

Le prime versioni di HTML utilizzavano un tag <font> per specificare un particolare tipo di carattere, dimensione e colore. Dieci anni fa, sarei stato felice di insegnarti quel tag in questo capitolo ma il tag <font> è stato rimosso da HTML5. Anche se la maggior parte dei browser riconosce ancora il tag <font>, non dovresti usarlo: perché è obsoleto.

Pertanto, invece di insegnarti le cattive abitudini con i vecchi tag, ti insegnerò come applicare caratteri, dimensioni e colori al testo con stili, ma non in questo capitolo.

Sebbene l'uso degli stili sia il modo migliore per applicare i caratteri al testo, è un po' più avanzato e non sei ancora pronto. Questo capitolo introduce diversi tag importanti che formattano il testo in base al suo scopo.

Nel capitolo precedente hai imparato a conoscere il tag <p> per i paragrafi ma ci sono molti altri tag che vengono utilizzati per titoli, codice di programmazione, citazioni e altro. La maggior parte dei tag discussi in questo capitolo sono tag semantici; descrivono la funzione del testo, piuttosto che fornire indicazioni per la formattazione. Ad esempio, il tag di intestazione <h1> specifica che il testo al suo interno deve essere formattato come un'intestazione principale, ma non fornisce informazioni specifiche su quale dovrebbe essere tale formattazione.

Le specifiche di formattazione per i tag semantici possono provenire da una varietà di fonti:

- Stili: come imparerai in seguito, puoi specificare le famiglie di caratteri e le dimensioni da usare in tutto il tuo sito Web. Ad esempio, puoi selezionare una famiglia di caratteri che verrà suggerita al browser ogni volta che viene applicato un determinato tag;
- Il browser Web in uso: ogni browser Web ha i valori predefiniti per i tag

HTML standard. Ad esempio, in Internet Explorer (e nella maggior parte degli altri browser), il tag <h1> è allineato a sinistra con font Times New Roman di 18 punti. La maggior parte dei browser utilizza le stesse impostazioni predefinite per i tag di base ma i browser non standard, come quelli sugli smartphone, che spesso visualizzano il testo in modo diverso;

- Personalizzazione individuale dell'utente: un utente può personalizzare il proprio browser Web in base alle proprie preferenze.

Tieni presente che mentre ti eserciti nell'uso dei tag, la loro formattazione non è corretta. I titoli nelle pagine Web funzionano allo stesso modo dei documenti stampati: separano il testo in sezioni. Lo standard HTML definisce sei livelli di intestazioni, da <h1> a <h6>, ciascuno progressivamente più piccolo nella dimensione del carattere.

Come notato in precedenza, non ci sono dimensioni o caratteri specifici assegnati ai tag di intestazione: il loro aspetto può variare a seconda del browser e delle sue impostazioni. Ma i livelli di intestazione connotano dimensioni relative; maggiore è il numero dell'intestazione, minore è la dimensione con cui verrà visualizzato sullo schermo.

Forse hai notato che i titoli 5 e 6 sono in realtà più piccoli del corpo del testo. Tieni presente, tuttavia, che queste sono solo le impostazioni predefinite; puoi ridefinire queste intestazioni in modo che appaiano come preferisci. Molti programmi di lettura dello schermo utilizzano i codici di intestazione da <h1> a <h6> per aiutare gli utenti con problemi di vista a navigare in un documento e alcune strutture di pagina si basano anche sui titoli per la struttura. In alcuni casi, tuttavia, potresti avere una pila di titoli che collettivamente dovrebbero occupare solo un punto in una struttura, come questo:

<h1> **Dog Club** </h1>
<h2> **Allenamento per cani e padroni**</h2>


HTML5 introduce un nuovo tag per affrontare questa situazione, chiamato <hgroup>. Quando racchiudi una pila di intestazioni all'interno di <hgroup>, solo la prima intestazione della pila apparirà in una struttura; gli altri verranno ignorati dagli screen reader e da altri strumenti di struttura.

<hgroup>
<h1> **Dog Club** </h1>
<h2> **Allenamento per cani e padroni**</h2>
</hgroup>

I browser che non supportano questo tag semplicemente lo ignorano, quindi non ci sono danni o effetti collaterali se usato in modo appropriato.

# Grassetto e corsivo

Il grassetto e il corsivo sono due modi per far risaltare il testo e attirare l'attenzione. In genere utilizzi questi stili nei paragrafi anziché nei titoli, ma è perfettamente accettabile utilizzarli ovunque. Per il grassetto e il corsivo semplici, utilizza rispettivamente i tag <b> e <i>. Si tratta di tag a due lati che racchiudono il testo da formattare. Ad esempio:

<p> **Mi sono divertito** <i> **moltissimo** </i> **alla festa presso** <b> **Palazzo Verde** </b> **a Roma.**</p>

Se vuoi applicare sia la formattazione in grassetto che in corsivo, puoi annidare un tag all'interno dell'altro ma attento a non confondere il loro ordine. Quando si annidano i tag, la regola è: il primo che viene scritto è l'ultimo ad essere chiuso (First In, Last Out). Quindi questo è corretto:

<p> **Il prossimo libro che leggeremo è** <b>
<i> **Il nome della rosa** </i> </b> </p>

Al contrario, il seguente esempio è sbagliato, perché l'ordine dei tag </b> e </i> sono invertiti:

<p> **Il prossimo libro che leggeremo è** <b>
<i> **Il nome della rosa** </b> </i> </p>

Sebbene i tag nell'esempio precedente siano nidificati in modo improprio, la maggior parte dei browser li visualizzerà comunque correttamente, a condizione che si utilizzi HTML come tipo di documento. In un documento XHTML, tuttavia, questa inversione di tag non è tollerata.

HTML consente inoltre il tag <strong> come sostituto di <b> e il tag <em> (enfasi) come sostituto di <i>. Probabilmente non li userai mai ma dovresti sapere cosa sono nel caso in cui li incontri.

La formattazione Superscript rende il testo più piccolo e lo solleva dalla linea di base. In genere si utilizza l'apice per formattare gli esponenti nelle equazioni matematiche (ad esempio, $x^2 + 1$) e per i numeri e i simboli delle note a piè di pagina (come questo [*]).

Puoi anche utilizzare l'apice per formattare numeri ordinali come 1°, 2° e 3° per rendere la tua pagina più accattivante.

Il pedice riduce le dimensioni del testo e lo abbassa al di sotto della linea di base. L'uso più comune per i pedici è nelle formule chimiche (ad esempio, $H_2 SO_4$).

Prova i seguenti esempi:

```html
<p>x<sup>2</sup>+1</p>
<p>H<sub>2</sub> SO<sub>4</sub></p>
```

# Citazioni

Quando si citano blocchi da altre fonti, è consuetudine, sia sulle pagine Web che sulla stampa, far rientrare quei blocchi dal corpo principale del testo ed il tag <blockquote> fa esattamente questo. Non sentirti costretto a usarlo solo in questo caso; puoi usare <blockquote> per qualsiasi testo che desideri far rientrare, non solo per le citazioni.

Il tag <blockquote> ha un attributo cite = "URL" ma la maggior parte dei browser non lo usa.

Se ti capita di conoscere l'URL della fonte che stai citando, è buona norma includerlo nel tag per i browser che supportano l'attributo e come aiuto a chiunque voglia visualizzare o modificare il tuo codice HTML in un secondo momento.

Nota bene che esiste anche un tag <q>, che viene utilizzato per formattare usando le virgolette. La sua unica funzionalità è quella di inserire virgolette attorno al testo che racchiude. Tuttavia, la maggior parte dei programmatori non utilizza questo tag perché è molto più semplice digitare semplicemente le virgolette.

<h1>**Alan Turing**</h1>

<blockquote cite="https://it.wikipedia.org/wiki/Alan_Turing">

**Alan Mathison Turing (Londra, 23 giugno 1912 – Manchester, 7 giugno 1954) è stato un matematico, logico, crittografo e filosofo britannico, considerato uno dei padri dell'informatica e uno dei più grandi matematici del XX secolo.** </blockquote>

# Capitolo 5: Liste e sfondi

Supponi di studiare per un test importante o di raccogliere informazioni per un grande progetto al lavoro hai molti dati e pochissimo tempo per organizzarli. Quale preferiresti sfogliare: un lungo rapporto sull'argomento o una lista dei punti importanti? La maggior parte delle persone preferirebbe un elenco perché rendono il testo più facile da scorrere. Alla gente non piace leggere del testo normale paragrafo dopo paragrafo, piace avere le informazioni ben suddivise in blocchi facilmente digeribili.

In questo capitolo imparerai a creare diversi tipi di elenchi utilizzando HTML, inclusi elenchi puntati, elenchi numerati ed elenchi di definizioni. Imparerai come creare elenchi nidificati all'interno di elenchi, come utilizzare

gli stili per specificare il carattere del punto o
lo stile di numerazione e come creare linee
orizzontali che aiutano ulteriormente a
dividere una pagina.

Vedremo anche a conoscere i codici entità
che consentono di inserire caratteri speciali o
simboli che non sono sulla tastiera, inclusi
simboli come maggiore di (>) e minore di (<)
che normalmente sarebbero interpretati come
indicatori di tag HTML. Infine, questo capitolo
dà una rapida occhiata agli sfondi delle pagine
Web, sia a tinta unita che grafici. La maggior
parte dei web designer professionisti non usa
colori di sfondo o grafica di sfondo ma si
possono creare layout divertenti.

Senza conoscere gli elenchi in HTML
probabilmente avresti usato un paragrafo
come segue:

<p> **1. Fare clic nella casella di accesso** <br> **2. Digitare** <b> **premium** </b> <br> **3. Fare clic nella casella Password** <br> **4. Digitare** <b>**cliente**</b> </p>

Contrassegnando la lista in questo modo ha funzionato in questo caso perché le linee erano brevi e semplici ma l'HTML ha tag progettati specificamente per la creazione di elenchi ed è meglio usare quei tag quando possibile. Accettano attributi che puoi utilizzare per controllare la formattazione e creano punti elenco e numeri in evidenza (ovvero punti elenco e numeri che si estendono o "bloccano" al di fuori del margine sinistro del paragrafo).

Il tag per un elenco numerato è <ol> che sta per elenco ordinato mentre per un elenco puntato, il tag è <ul> che sta per elenco non ordinato.

Ogni elemento numerato o puntato all'interno dell'elenco è contrassegnato con <li> ovvero elemento dell'elenco. Si inizia l'elenco con il tag di apertura <ol> o <ul>, si racchiude ogni elemento dell'elenco con i tag <li> e </li>, quindi si termina l'elenco con il tag di chiusura </ol> o </ul>. Ecco l'elenco numerato dell'esempio precedente, questa volta utilizzando i tag appropriati:

```
<ol>
  <li>Fare clic nella casella di accesso</li>
  <li>Digitare <b>premium</b></li>
  <li>Fai clic nella casella Password</li>
  <li>Digita <b>cliente</b></li>
</ol>
```

Nota che il rientro (detta indentazione) viene aggiunto per facilitare la lettura del testo ma il browser ignora gli spazi extra, come hai imparato in precedenza. In effetti, se il tag

<ol> fosse stato posizionato sulla stessa riga del primo elemento <li>, non avrebbe fatto alcuna differenza.

Probabilmente avrai notato che ciò che manca qui sono i numeri stessi, questo perché quando crei un elenco ordinato in HTML, non assegni tu stesso i numeri agli elementi.

Lascia che sia HTML a gestirlo per te così come l'allineamento del paragrafo ed il risultato è un elenco numerato standard e riconoscibile. Un elenco puntato funziona allo stesso modo, tranne per l'uso dei tag <ul>. Ecco un esempio:

```
<ul>
 <li>Porta la posta</li>
 <li>Porta fuori la spazzatura</li>
 <li>Dai da mangiare ai cani</li>
 <li>Prendi il giornale</li>
</ul>
```

Questo produce un elenco puntato di base su una pagina Web.

Puoi annidare gli elenchi l'uno nell'altro, nell'esempio seguente, abbiamo un elenco puntato incorporato in un elenco numerato. Nota bene come è stato costruito questo elenco annidato infatti il sotto-elenco puntato (il tag <ul>) viene inserito in uno dei tag <li> all'interno dell'elenco numerato <ol>.

<ol>
 <li>**Giovedì: fai i compiti di algebra**</li>
 <li>**Venerdì: casa dei vicini:**
 <ul>
  <li>**Porta la posta**</li>
  <li>**Porta fuori la spazzatura**</li>
  <li> **Dai da mangiare ai cani**</li>
  <li>**Prendi il giornale**</li>
 </ul>

&lt;/li&gt;

&lt;li&gt;**Sabato: lava la macchina**&lt;/li&gt;

&lt;/ol&gt;

Gli elenchi puntati e numerati possono essere definiti utilizzando un attributo list-style-type: type. Questo è un tipo di attributo basato sullo stile e per ora lo utilizziamo come tecnica autonoma per cambiare il carattere del punto o lo stile di numerazione. È possibile utilizzare i valori mostrati nella tabella seguente per l'attributo list-style-type:

| Valore | Risultato |
|---|---|
| disc | un cerchio pieno |
| circle | un cerchio vuoto |
| square | un quadrato pieno |
| decimal | 1, 2, 3, 4... |
| decimal-leading-zero | 01, 02, 03, 04... |

| lower-roman | i, ii, iii, iv... |
| --- | --- |
| upper-roman | I, II, III, IV... |
| lower-alpha | a, b, c, d... |
| upper-alpha | A, B, C, D... |
| none | nessun simbolo |

Per applicare l'attributo, posizionalo nel tag di apertura <ul> o <ol>.

Ad esempio, per creare un elenco puntato che utilizza il carattere con un quadrato pieno, inizia l'elenco in questo modo:

<ul style = "list-style-type: square">

Per creare un elenco numerato che utilizza numeri romani maiuscoli, inizia l'elenco in questo modo:

<ol style = "list-style-type: upper-roman">

# Caratteri speciali

I caratteri speciali sono caratteri che non sono inclusi su una tastiera standard. Gli esempi includono lettere con accenti sopra di esse o un simbolo di proprietà come © o ™. In HTML, questi caratteri speciali vengono definiti entità e vengono creati utilizzando codici che iniziano con una e commerciale (&), seguito dal nome dell'entità o da un numero che la identifica e termina con un punto e virgola. I nomi di entità e i numeri di entità rappresentano entrambi la stessa cosa; puoi usarli allo stesso modo. Ad esempio   e   vengono visualizzati come uno spazio.

Alcuni simboli devono essere creati come entità in HTML perché hanno un significato specifico in HTML. I più comuni sono la e commerciale (&), il segno maggiore di (>) e il segno minore (<). Non puoi semplicemente digitare quei simboli nel codice HTML perché il browser li interpreterebbe come tag o entità anziché come caratteri da visualizzare.

La tabella seguente elenca le entità più comuni che potrebbero interessarti:

| Simbolo | Nome entità | Numero entità |
|---------|-------------|---------------|
| & | &amp; | &#38; |
| < | &lt; | &#60; |
| > | &gt; | &#62; |
| £ | &pound; | &#163; |
| € | &euro; | &#8364; |
| © | &copy; | &#169; |
| ® | &reg; | &#174; |
| ° | &deg; | &#176; |
| ± | &plusmn; | &#177; |
| ™ | &trade; | &#8482; |

# Separatori

Le linee orizzontali possono essere utili come divisori tra le sezioni di testo in una pagina Web, ad esempio, puoi far risaltare di più una sezione dal resto del documento separandola con una linea orizzontale. Potresti anche voler aggiungere un'altra linea orizzontale tra i titoli e il resto del documento. Per aggiungere una linea orizzontale, aggiungi semplicemente il seguente tag unilaterale nel punto in cui desideri che appaia la linea:

<hr>

Per impostazione predefinita, la linea si estende per l'intera larghezza della finestra del browser, è alta due pixel e di colore nero ma è possibile modificare queste caratteristiche applicando attributi all'interno del tag. La maggior parte degli attributi originali per il tag <hr> erano obsoleti nella versione HTML 4.01; attributi come align, color, size e width non sono affatto supportati in HTML5.

Ora puoi impostare le caratteristiche di rendering per una linea orizzontale utilizzando gli stili che ti consentono di avere un aspetto uniforme per tutte le linee con un foglio di stile a cascata ma puoi anche aggiungere uno stile direttamente al tag <hr> includendo semplicemente l'attributo style = "attributes". Gli attributi che puoi impostare sono color, background-color, width e height. Ad esempio, per creare una linea verde di 3 pixel di spessore e che si estende per il 50% della larghezza della finestra, dovresti scrivere:

<hr style = "color: green; background-color: green; height: 3; width: 50%" >

Alcuni browser usano color per assegnare un colore alla linea, altri usano background-color; pertanto, dovresti includere entrambi i tag e assegnare lo stesso colore a entrambi. HTML riconosce questi 16 nomi di colori di base:

| | | | |
|---|---|---|---|
| Aqua | Black | Blue | Fuchsia |
| Gray | Green | Lime | Maroon |
| Navy | Olive | Purple | Red |
| Silver | Teal | White | Yellow |

# Lo sfondo giusto

Molti esperti di Web design mettono in guardia contro gli sfondi scuri o con motivi nelle pagine Web, perché possono rendere difficile la lettura del testo. Alcuni designer arrivano addirittura a dire che non dovresti usare alcun colore di sfondo; si tende a preferire il testo nero su sfondo bianco. Una rapida occhiata ad alcuni dei principali siti Web commerciali confermerà la quasi universalità di questa opinione.

Dai un'occhiata ai siti ad alto traffico come www.google.com e www.microsoft.com e scoprirai che il corpo del testo è quasi esclusivamente nero (o un colore scuro) su uno sfondo bianco (o altro chiaro).

Le regole sono fatte per essere infrante, tuttavia, e potresti trovare situazioni in cui uno sfondo colorato o con alcuni motivi è perfetto per una determinata pagina (o insieme di pagine). Ad esempio, è possibile assegnare un colore di sfondo a una pagina Web che si desidera differenziare dalle altre pagine di un sito Web. I 16 colori di base presentati poco fa sono i colori migliori da utilizzare nelle pagine Web perché sono universalmente accettati infatti ogni browser interpreta questi colori allo stesso modo. Tuttavia, probabilmente troverai molte situazioni in cui nessuno di questi 16 colori è appropriato. Ad esempio, potresti scoprire che sono tutti troppo scuri o troppo vividi per creare uno sfondo della pagina attraente.

Sarà necessario fare affidamento su altri modi per specificare i colori, un modo per specificare un colore è tramite il suo valore RGB (rosso-verde-blu).

Utilizzando questo metodo, è possibile descrivere un colore utilizzando una serie di tre numeri, da 0 a 255. Ogni numero rappresenta la componente di rosso, verde o blu che costituisce il colore, ad esempio, il rosso puro è 255, 0, 0; massimo rosso (255), nessun verde (0) e nessun blu (0); puoi creare un'ampia gamma di colori utilizzando questi tre valori. Ad esempio, 255, 153, 0 rappresenta una particolare tonalità di arancione: rosso pieno, poco più della metà del verde e assenza di blu.

Un altro modo per esprimere i valori dei colori in HTML è utilizzare un valore esadecimale. I valori esadecimali rappresentano i valori RGB convertiti nel sistema di numerazione in base 16. Ad esempio, il valore 255 viene convertito in FF quindi il valore RGB 255, 255, 0 può essere espresso anche come valore esadecimale #FFFF00. Tuttavia, esistono dei colori detti web-safe per garantire la totale uniformità su tutti i tipi di display. Un colore web-safe è quello che corrisponde esattamente a uno dei colori in un display a colori standard a 8 bit. Tali colori utilizzano solo i seguenti valori numerici per rosso, verde e blu: 0, 51, 102, 153, 204 e 255.

Ancora un altro modo per esprimere i valori dei colori è usare nomi estesi. Questi sono simili ai nomi dei colori di base ma sono circa 140 e puoi trovarli con una semplice ricerca. Per specificare un colore di sfondo per un'intera pagina, inserisci l'attributo style = "background-color: color" nel tag di apertura <body>. Ad esempio, per rendere giallo lo sfondo di un'intera pagina, utilizza quanto segue:

```
<body style="background-color: yellow">
```

È possibile utilizzare il nome del colore, il valore RGB o il valore esadecimale. Pertanto, quanto segue è equivalente al codice appena mostrato:

```
<body style="background-color:
#FFFF00">
<body style="background-color: rgb
(255,255,0)">
```

Il colore in primo piano è il colore del testo predefinito per la pagina. Puoi impostare il colore in primo piano utilizzando l'attributo style = "color: color". Può essere combinato con l'attributo per il colore di sfondo in una singola istruzione style. Ad esempio, per impostare il testo giallo su uno sfondo blu navy, utilizza quanto segue:

```
<body style="background-color: navy;
color: yellow">
```

Quando combini due attributi in un'unica istruzione style, li separi con un punto e virgola, come mostrato nell'esempio precedente.

In HTML è possibile usare anche un'immagine come sfondo su una pagina e, per impostazione predefinita, l'immagine è piastrellata per riempire la pagina e scorre con la pagina. Sfortunatamente, ci sono molti esempi di sfondi inefficaci o che distraggono sul Web, bisogna scegliere immagini progettate per essere affiancate in modo che ogni copia si fonda perfettamente con quella successiva. Quando i bordi dell'immagine si fondono bene, offrirà l'aspetto di un'immagine grande e unica.

Se si specifica un'immagine di sfondo, è necessario specificare anche un colore di sfondo. Il colore non sarà visibile a meno che l'immagine non venga visualizzata per qualche motivo o a meno che l'immagine non contenga aree trasparenti. Il colore di sfondo è particolarmente importante se si utilizza un'immagine di sfondo scura e un colore di primo piano chiaro; se l'immagine non appare, il testo deve comunque apparire su uno sfondo scuro per essere leggibile.

Per utilizzare un file per l'immagine di sfondo, utilizza un attributo style = "background-image: url (image)" nel tag di apertura <body>, come hai fatto per i colori di primo piano e di sfondo nella sezione precedente.

Ad esempio, per utilizzare il file dell'immagine di sfondo denominato granito.gif che si trova nella stessa cartella del file HTML, digita:

```
<body style="background-image: url
(granito.gif)">
```

Nota bene che devi racchiudere il nome del file dell'immagine tra parentesi dopo l'URL. Il tag <body> può contenere molte specifiche di stile in un singolo attributo style, perciò, separali con un punto e virgola, come hai fatto in precedenza con i colori di primo piano e di sfondo.

Per combinare l'immagine di sfondo, il colore di sfondo e il colore di primo piano in un singolo attributo, procedi come segue:

<body style = "background-image: url (granito.gif); color: green; background-color: beige" >

Per impostazione predefinita, l'immagine di sfondo viene ripetuta sia orizzontalmente che verticalmente per riempire la finestra.

Puoi forzare il browser a non ripetere l'immagine aggiungendo l'attributo background-repeat al tag <body> e specificando repeat-x (ripeti solo orizzontalmente), repeat-y (ripeti solo verticalmente) o no-repeat. Ad esempio, per evitare che si ripeta, utilizza quanto segue:

<body style = "background-image: url (granito.gif); background-color: beige; background-repeat: no-repeat">

Per impostazione predefinita, l'immagine di sfondo scorre con il testo quando l'utente scorre la pagina verso il basso. Per forzare l'immagine a rimanere fissa, aggiungi l'attributo background-attachment = fixed al tag <body>, come segue:

<body style = "background-image: url (granito.gif); background-color: beige; background-attachment = fixed">

# Capitolo 6: Collegamenti e ancore

Il Web è basato su collegamenti ipertestuali e ogni pagina Web contiene collegamenti attivi ad altre pagine, che a loro volta hanno collegamento a più pagine, fino a quando presumibilmente l'intero Web (o almeno una grande parte di esso) non è collegato. In effetti, è da qui che viene il nome "web": i collegamenti ipertestuali possono connettersi ad altri punti di una pagina Web, ad altre pagine all'interno del sito Web, a pagine esterne al sito e a molti tipi di contenuti Web e non Web. Si attiva un collegamento ipertestuale facendo clic su una porzione di testo o su un grafico che, a seconda del collegamento, porta in una posizione diversa sulla pagina, apre una pagina Web diversa, avvia un messaggio di posta elettronica, scarica un file, consente di visualizzare un film o ascoltare un clip audio, avviare un programma basato sul Web e così via.

Probabilmente hai cliccato su migliaia di collegamenti ipertestuali, senza pensare molto al codice che si nasconde dietro di essi. In questo capitolo imparerai a conoscere il tag <a>, che viene utilizzato per creare vari tipi di collegamenti ipertestuali, scoprirai come creare collegamenti ipertestuali a pagine Web e indirizzi e-mail, come creare punti di ancoraggio (ancore) all'interno di un documento e come creare collegamenti ipertestuali direttamente a un punto di ancoraggio. Ti mostrerò anche come creare un collegamento ipertestuale a contenuti non Web, come un documento Microsoft Word o un foglio di calcolo Microsoft Excel.

Indipendentemente dal tipo di collegamento ipertestuale che desideri creare, la sintassi di base è la stessa. Inizia con il tag <a> quindi utilizza un attributo href che fornisce l'URL o il percorso della destinazione. Ad esempio, un tag con un'ancora potrebbe essere simile al seguente:

<a href="http://www.microsoft.com">

Questo è seguito dal testo che apparirà sottolineato come testo del collegamento su cui fai clic o un riferimento all'immagine che servirà da collegamento ipertestuale. Dopo il testo c'è il tag di chiusura </a>. Ecco un esempio completo:

**Visita** <a href="http://www.microsoft.com"> **Microsoft.com** </a> **per le informazioni più recenti.**

In alcuni casi, non è necessario fornire un nome file o un percorso alla destinazione in un collegamento ipertestuale perché dipende dal contesto e dal nome del file. Se non si collega a una pagina specifica, il server che ospita il sito Web risponde visualizzando la pagina predefinita per quel sito (se disponibile).

Se un browser non richiede una pagina specifica quando accede a un server, la maggior parte dei server invierà la pagina predefinita, che di solito è denominata *index* o *default*. Se desideri collegarti ad una pagina specifica, devi specificare il percorso completo del file o della pagina.

I percorsi che contengono un indirizzo completo che chiunque può utilizzare per accedere a quella pagina sono chiamati percorsi assoluti. I percorsi assoluti sono molto affidabili, ma sono anche lunghi e scomodi da digitare. Ad esempio:

```
<a
href="http://www.miosito.com/giardinaggi
o/immagini/foglie.html"> Problemi delle
foglie </a>
```

Quando ci si collega a file nello stesso sito Web del collegamento stesso, non è necessario includere il percorso completo del file; puoi semplicemente specificare il suo nome.

Quando il file si trova nella stessa cartella, è necessario fornire solo il nome del file. Ad esempio, se le pagine index.html e foglie.html del sito Web sono nella stessa cartella, nel file index.html potresti fare riferimento a foglie.html in questo modo:

```
<a href = "foglie.html"> Problemi delle
foglie </a>
```

Questo è chiamato percorso relativo, perché il file di destinazione è relativo alla posizione del file corrente. I percorsi relativi semplificano lo sviluppo e il test del sito Web in un percorso di file diverso da quello in cui verrà archiviato. Facendo quanti più riferimenti relativi possibile, eviti la necessità di ri-codificare ogni URL quando il tuo sito viene spostato nella sua destinazione finale. Quando crei un collegamento ad un file che è archiviato in una sottocartella di quella corrente, puoi puntare a quella sottocartella ma lasciare il percorso relativo.

Ad esempio, supponiamo che index.html sia archiviato in una cartella chiamata c:\main e foglie.html sia archiviato in c:\main\articoli, che sarebbe considerata una sua sottocartella (o cartella secondaria). Per fare riferimento a foglie.html dall'interno di index.html, dovresti utilizzare un tag come questo:

`<a href="`**`articoli/foglie.html`**`">` **Problemi delle foglie** `</a>`

Puoi anche creare un collegamento a un file che è al livello superiore con un riferimento relativo. Ad esempio, supponi di voler fare riferimento a index.html dall'interno di foglie.html (entrambi nelle stesse posizioni di prima). Faresti precedere il riferimento con "../" per indicare che il file è di un livello superiore:

`<a href="`**`../index.html`**`">` **Homepage** `</a>`

I collegamenti ipertestuali possono puntare a qualsiasi cosa, non solo alle pagine Web. È possibile creare collegamenti ipertestuali di posta elettronica, ad esempio, che avviano il programma di posta elettronica predefinito dell'utente, creano un nuovo messaggio e immettono l'indirizzo del destinatario. I collegamenti ipertestuali di posta elettronica sono utili quando si desidera indirizzare qualcuno ad inviare un messaggio a una determinata persona.

Ad esempio, è comune includere un collegamento per inviare un'e-mail al webmaster di un sito. Per creare un collegamento ipertestuale a un indirizzo e-mail, utilizza lo stesso attributo href come hai fatto in precedenza, ma invece di un indirizzo Web, digita mailto: seguito dall'indirizzo e-mail, in questo modo:

<a href = "mailto: supporto@miosito.com"> **Contattaci** </a>


Un ancora è un marcatore all'interno di un documento HTML, più o meno analogo a un segnalibro in un documento di Word. Definisci una posizione specifica nel documento con un'ancora, quindi puoi creare un collegamento ipertestuale direttamente a quell'ancora. Le ancore sono più preziose nei documenti lunghi e con tante sezioni perché forniscono agli utenti un mezzo per passare direttamente alla sezione che interessa invece di dover leggere o scorrere l'intero documento.

Puoi farlo internamente creando un elenco di collegamenti ipertestuali nella parte superiore del documento, oppure puoi farlo esternamente includendo un nome di ancora in un collegamento ipertestuale a un altro documento.

Ci sono due parti nel processo: si contrassegna la posizione dell'ancora e quindi si crea un collegamento ipertestuale che fa riferimento ad essa. Per definire un'ancora, crea un tag <a> attorno al testo di destinazione e includi un attributo name.

Ad esempio, supponi di avere un'intestazione e di voler creare un punto di ancoraggio con lo stesso nome:

<a name="conclusione"> **Conclusione** </a>

Per fare riferimento al punto di ancoraggio, includi il suo nome nell'attributo href. Fai precedere il nome dell'ancora da un cancelletto (#) e se il punto di ancoraggio si trova nello stesso documento del collegamento ipertestuale, puoi utilizzare un riferimento relativo come questo:

<a href="#conclusione"> **Visualizza la conclusione** </a>

Altrimenti, devi includere il nome del file in cui si trova l'ancora, ad esempio, se l'ancora fosse in un file chiamato report.html, sarebbe simile a questo:

```
<a        href="report.html#conclusione">
Visualizza la conclusione </a>
```

Un collegamento ipertestuale può fare riferimento a qualsiasi file, non solo a un documento Web.

Puoi trarne vantaggio per collegarti ad altri contenuti come documenti di Microsoft Office, file di archivio compressi come file .zip e persino file di programma eseguibili come utilità di installazione per i programmi che desideri fornire ai tuoi visitatori.

La procedura per il collegamento ad altri contenuti è la stessa del collegamento a una pagina Web; l'unica differenza è il nome del file immesso nel collegamento ipertestuale.

```html
<a href="report.doc">Report anno 2020
</a>
```

# Capitolo 7: Fogli di stile

Dopo aver imparato a usare i fogli di stile a cascata, ti chiederai come mai qualcuno ha avuto la pazienza di creare grandi siti Web senza di essi. I fogli di stile possono farti risparmiare un'enorme quantità di tempo standardizzando la formattazione di un'intera pagina Web o di un gruppo di pagine. Un foglio di stile a cascata (CSS) è un codice che specifica la formattazione in base agli stili.

È possibile memorizzare il codice CSS nella sezione <head> della pagina Web a cui si desidera applicarlo oppure è possibile archiviarlo in un file separato con estensione .css (che è molto utile se si desidera applicare lo stesso CSS a più di una pagina Web). Puoi anche inserire uno stile direttamente all'interno di un singolo tag, se lo desideri, come hai fatto negli esempi precedenti.

In termini più semplici, uno stile è una regola di formattazione. Questa regola può essere applicata a un singolo tag, a tutte le istanze di un determinato tag all'interno di un documento o a tutte le istanze di un determinato tag in un gruppo di documenti. Hai già visto come usare l'attributo style per elenchi ordinati e non ordinati.

Ad esempio, per utilizzare un quadrato in un elenco non ordinato, dovresti utilizzare l'attributo style con il tag <ul> in questo modo:

```
<ul style = "list-style-type: square">
```

Ma supponi di avere diversi caratteri non ordinati elenchi nel documento e si desidera che tutti utilizzino lo stesso carattere ovvero il quadrato. Potresti digitare l'attributo style nel tag di apertura <ul> per ognuno ma comporta molto lavoro. Invece, puoi creare una sezione <style> all'interno della sezione <head> che crea una regola di stile globale per tutti i tag <ul> nel documento. La sezione <style> potrebbe essere simile a questa:

```
<style type = "text / css">
ul {
 list-style-type: square
}
</style>
```

Non preoccuparti delle interruzioni di riga; sono semplicemente un mezzo per rendere il tuo codice più leggibile. Molti programmi formattano le regole di stile con le interruzioni di riga aggiuntive, tuttavia, il codice precedente potrebbe anche essere scritto in questo modo:

`<style type = "text / css">` **ul {list-style-type: square}** `</style>`

Nota bene che il tag <ul> non ha parentesi angolari, inoltre, tieni presente che le regole per il tag vengono visualizzate tra parentesi graffe. A parte queste due piccole differenze, la sintassi è esattamente la stessa applicata direttamente a un tag <ul> specifico. Non è necessario includere l'attributo style perché l'intera definizione è racchiusa in un tag <style>.

Puoi definire più regole all'interno di una sezione <style>, ad esempio, se desideri espandere questo esempio per specificare anche che gli elenchi ordinati sono etichettati con lettere minuscole anziché numeri, utilizza quanto segue:

`<style type = "text / css">`

```
ul {
 list-style-type: square;
}
ol {
 list-style-type: lower-alpha;
}
</style>
```

Supponiamo ora inoltre di voler applicare queste specifiche a tutti gli elenchi puntati e numerati in tutti i documenti nell'intero sito Web.

È possibile creare un foglio di stile a cascata esterno e quindi fare riferimento a quel foglio di stile nella sezione <head> di ogni documento a cui deve essere applicato. Ad esempio, ecco l'intero testo di un foglio di stile a cascata esterno (un file di testo semplice con estensione .css) che applicherebbe le regole specificate:

```
ul {

list-style-type: square;

}
ol {

list-style-type: lower-alpha;

}
```

È lo stesso codice racchiuso nel tag <style> dell'esempio precedente ma quando le regole di stile vengono visualizzate in un file separato, non è necessario il tag <style>. Un foglio di stile a cascata può diventare molto complesso se include molte regole ma i principi sono sempre gli stessi di questi esempi.

Un foglio di stile incorporato è costituito da un tag <style> di apertura e uno di chiusura posizionati nella sezione <head> di un documento. Tra i tag <head> e </head> definisci le regole per i vari stili.

Una regola di stile inizia con il nome del tag o di un altro elemento a cui si applica lo stile, ad esempio, se stai creando una regola che verrà applicata a tutte le istanze del tag <h1>, inizia la regola con h1 (senza parentesi):

<style> **h1** </style>

Non sono necessarie parentesi intorno a h1 perché è già racchiuso nel tag <style>, quindi, digita una serie di parentesi graffe e posiziona la regola all'interno delle parentesi graffe. Ad esempio, per creare una regola che renda rosso il testo di un'intestazione di primo livello, digita quanto segue:

<style>
**h1 {**
 **color: red**

```
}
```
</style>

Se hai più di una regola da applicare, ad esempio un colore più la dimensione del carattere, separa le regole con punto e virgola all'interno delle parentesi graffe. È consuetudine, ma non obbligatorio, scrivere ogni regola su una propria riga, ad esempio, per specificare che il testo dell'intestazione deve essere rosso e alto 14 pixel, includi quanto segue nella regola:

```
<style>
h1 {
 color: red;
 font-size: 14px;
}
</style>
```

Se più tag devono avere la stessa regola applicata, puoi elencarli insieme e separarli con virgole. Ad esempio, se tutti gli stili di intestazione da <h1> a <h6> dovessero essere rossi, potresti scrivere:

<style>
**h1, h2, h3, h4, h5, h6 {**
 **color: red**
**}**
</style>


Come hai appena visto, le regole di stile possono modificare i tag incorporati in HTML ridefinendone la formattazione. Gli stili, tuttavia, non si fermano qui infatti puoi creare i tuoi stili creando classi e ID. Le classi e gli ID contrassegnano determinati elementi in modo che tu possa fare riferimento a essi nel tuo foglio di stile.

Una classe può essere applicata a più selezioni mentre un ID identifica in modo univoco una selezione specifica all'interno di un documento, tuttavia, documenti diversi possono utilizzare lo stesso ID. Supponi di avere un elenco di prodotti non ordinato e desideri che i nuovi prodotti appaiano in rosso. Un modo per raggiungere questo obiettivo sarebbe aggiungere manualmente l'attributo style = "color: red" a ciascuno degli elementi dell'elenco, in questo modo:

&lt;li style = "color: red"&gt; **Oggetto 1** &lt;/li&gt;


Tuttavia, questo metodo non è ottimale perché se cambi idea e si decidi di rendere i nuovi elementi di colore blu, sarà necessario apportare la modifica manualmente per ogni istanza. Un modo migliore è creare una classe chiamata nuovi_arrivi e definirne la formattazione nell'area &lt;style&gt; quindi puoi applicare la nuova classe a ogni elemento dell'elenco che desideri mettere in evidenza.

Per applicare uno stile di classe, aggiungi un attributo class al tag di apertura per l'elemento. Ad esempio, per inserire un elemento dell'elenco nella nuova classe, utilizza quanto segue:

<li class = "nuovi_arrivi"> **Oggetto 1** </li>


Nell'area <style> aggiungi uno stile che definisca la classe come rosso, l'unica differenza tra la definizione di una classe e la ridefinizione di un tag standard è che si mette un punto davanti al nome di una classe, come mostrato qui:

<style>
**.nuovi_arrivi {**
 **color: red**
**}**

</style>

Gli ID funzionano allo stesso modo ma puoi applicarli solo una volta per documento, ad esempio, potresti applicare un ID a un'intestazione univoca. Per creare un ID, aggiungi un attributo id al tag, in questo modo:

<li id = "speciale"> **Tecniche di spruzzatura per alberi da frutto** </li>

Quindi definisci l'ID nell'area <style>, precedendo il nome dell'ID con un simbolo cancelletto (#), come questo:

<style>
**#speciale {**
  **color: red**
**}**
</style>

# Conclusione

Grazie per aver letto questo libro fino a qui. È stato scritto pensando a due tipi molto diversi di persone:

- Coloro che vogliono imparare a progettare e costruire siti web da zero;
- Chiunque abbia un sito web (che può essere costruito utilizzando un sistema di gestione dei contenuti, un software di blog o una piattaforma di e-commerce) e desidera un maggiore controllo sull'aspetto delle pagine.

Molti libri che insegnano HTML e CSS sono dei noiosi manuali, perciò, per rendere più facile l'apprendimento, abbiamo buttato via il modello tradizionale utilizzato dagli editori e abbiamo ridisegnato questo libro da zero.

Ti sarai accorto che non è così difficile imparare a scrivere pagine web e leggere il codice utilizzato per crearle; certamente non devi essere un "programmatore". Comprendere HTML e CSS può aiutare chiunque lavori con il web; i progettisti possono creare siti più attraenti e utilizzabili, gli editor di siti Web possono creare contenuti migliori, i professionisti del marketing possono comunicare con il loro pubblico in modo più efficace e i manager possono commissionare siti migliori e ottenere il meglio dai loro team.

# Premessa

In questi giorni, tutti sono Web designer, che tu stia aggiungendo un commento a una pagina Facebook, creando il tuo blog o costruendo un sito Web, sei coinvolto nel web design. Man mano che il Web si espande, tutti utilizzano questo mezzo per diffondere messaggi nel mondo perché il Web è il modo più efficace per comunicare il tuo messaggio alle persone intorno a te e in tutto il mondo.

Sapere come progettare per il Web non significa sempre progettare siti Web completi. Molte persone creano semplici pagine Web per siti di aste, per i propri album fotografici o i propri blog. Quindi, sia che tu stia pianificando di riprogettare il tuo sito Web aziendale o di mettere online le foto della laurea di tuo figlio, l'apprendimento dei fogli di stile a cascata CSS (Cascading Style Sheets) è il tuo prossimo passo nel più ampio mondo del web design.

Probabilmente saprai già che HTML è il modo in cui sono strutturate le pagine Web mentre CSS è il modo in cui sono progettate le pagine Web. Questo libro tratta principalmente di come utilizzare i CSS per aggiungere un livello visivo alla struttura HTML delle tue pagine web.

CSS è un linguaggio per fogli di stile, quindi, non è un linguaggio di programmazione bensì è il codice che indica a un dispositivo (solitamente un browser web) come deve essere visualizzato il contenuto di un file. I CSS sono pensati per essere facilmente compresi da chiunque, non solo dai "programmatori".

La sua sintassi è semplice, in sostanza costituita da regole che dicono a un elemento sullo schermo come dovrebbe apparire. Questo libro include anche l'ultima versione del linguaggio CSS, comunemente indicato come CSS3 (o CSS Livello 3).

CSS3 si basa ed estende la versione precedente di CSS. Per il momento, è importante capire cosa c'è di nuovo in CSS3 perché alcuni browser (in particolare Internet Explorer) hanno un supporto incompleto o non forniscono supporto per queste nuove funzionalità. Affronteremo diversi punti:

- Introduzione CSS e sintassi: questa sezione pone le basi necessarie per capire come assemblare fogli di stile di base e applicarli a una pagina Web.
- Proprietà CSS: questa sezione contiene tutti gli stili e i valori che

possono essere applicati agli elementi che compongono le pagine Web.

- Lavorare con CSS: questa sezione fornisce consigli e spiega le migliori pratiche per la creazione di pagine Web e siti Web utilizzando CSS.

Questo libro è adatto a te? Per comprendere questo libro, è necessario avere familiarità con l'HTML (Hypertext Markup Language). Non devi essere un esperto, ma dovresti conoscere la differenza tra un elemento <p> e un tag <br>. Detto questo, maggiore è la tua conoscenza di HTML, più ne trarrai vantaggio.

Di quali strumenti hai bisogno? Il bello dei CSS è che, come l'HTML, non richiedono alcun software speciale o costoso. Il codice è solo testo e puoi modificarlo con programmi semplici come TextEdit (Mac OS) o Blocco note (Windows).

Perché usare gli standard CSS? L'idea di un modo standard per comunicare su Internet è stato il principio alla base della creazione del World Wide Web: dovresti essere in grado di trasmettere informazioni a qualsiasi computer in qualsiasi parte del mondo e visualizzarle nel modo in cui l'autore ha previsto. All'inizio esisteva solo una forma di HTML e tutti sul Web la utilizzavano. Questa situazione non presentava alcun problema reale perché quasi tutti usavano Mosaic, il primo popolare browser basato su grafica e Mosaic era lo standard.

In seguito, è arrivato Netscape Navigator e sono nate le prime estensioni HTML. Queste estensioni funzionavano solo in Netscape, quindi, chi non usava quel browser era sfortunato. Sebbene le estensioni di Netscape sfidassero gli standard del World Wide Web Consortium (W3C), la maggior parte di esse -

o almeno alcune versioni di esse - alla fine divenne parte di quegli stessi standard.

Il problema è che senza standard, non tutti nel villaggio globale possono accedere alla potenza del web. Puoi usare tutte le tecniche all'avanguardia che desideri, puoi includere Flash, JavaScript, video QuickTime, Ajax, HTML5 o CSS3, ma se solo una frazione dei browser può vedere il tuo lavoro, stai tenendo lontani molti utenti.

Durante la stesura di questo libro, ho passato dal 35 al 45 percento del mio tempo cercando di far funzionare il codice nel modo più fluido possibile in Internet Explorer, Firefox (e browser Mozilla correlato), Opera, Safari e Chrome. Questo tempo si rispecchia per la maggior parte dei miei progetti Web; gran parte del tempo di codifica viene dedicato alle incoerenze tra browser.

Se i browser si attenessero agli standard, questo tempo si ridurrebbe quasi a zero, agevolando di gran lunga il nostro lavoro. La tua scommessa come designer, quindi, è conoscere gli standard del Web; cerca di usarli il più possibile e richiedi che anche i produttori di browser si attengano a tali standard.

# Capitolo 1: Capire CSS

Cascading Style Sheets, o CSS, è un linguaggio utilizzato per specificare l'aspetto visivo di una pagina Web, a differenza dell'HTML (HyperText Markup Language), che è un linguaggio di markup che definisce la struttura di un documento per la distribuzione sul Web. HTML indica a un browser Web come è organizzato il contenuto nella pagina, mentre CSS dice al browser come dovrebbe apparire.

CSS3, un'abbreviazione per CSS Livello 3, è l'ultima generazione di questo linguaggio di stile che aggiunge diverse nuove funzionalità. CSS3 ha conquistato il suo posto insieme a HTML5 per quanto concerne il web design all'avanguardia.

# Cos'è uno stile?

Gli elaboratori di testi consentono agli autori di modificare l'aspetto del testo parola per parola o paragrafo per paragrafo, nonché in un intero documento mediante gli stili. Gli stili combinano più proprietà, come peso, famiglia di caratteri, corsivo, colore e dimensione che desideri applicare a tipi di testo simili (titoli, intestazioni, didascalie ecc.) e raggruppano queste proprietà sotto un nome comune.

Si supponga, ad esempio, di voler formattare tutti i titoli delle sezioni del documento in grassetto, con carattere di tipo Georgia, corsivo, arancione e di 16 punti. Puoi assegnare tutti questi attributi a uno stile chiamato "Titolo" del capitolo. Ogni volta che digiti il titolo di un capitolo, devi solo utilizzare lo stile del titolo del capitolo e tutti questi attributi verranno applicati al testo in un colpo solo.

Ancora meglio, se in seguito decidi che vuoi quei titoli con dimensione 18 punti invece di 16 punti, puoi semplicemente cambiare la definizione del titolo della sezione.

L'elaboratore di testi cambia automaticamente l'aspetto di tutto il testo contrassegnato con quello stile in tutto il documento.

# Cosa sono i fogli di stile a cascata?

I fogli di stile a cascata offrono al Web la stessa comodità di impostazione dello stile che hai nella maggior parte dei programmi di videoscrittura. È possibile impostare il CSS in una posizione centrale per influenzare l'aspetto di tag HTML specifici, su una singola pagina Web o su un intero sito Web. Sebbene CSS funzioni con HTML, non è HTML. CSS è un linguaggio per fogli di stile separati che migliora le capacità dell'HTML (un linguaggio di markup) permettendoti di ridefinire il modo in cui i tag esistenti visualizzano i loro contenuti.

Ad esempio, il contenitore di tag di intestazione di livello 1, <h1>...</h1>, ti consente di applicare stili a una sezione di testo HTML e trasformarlo in un'intestazione. Ma la visualizzazione esatta dell'intestazione è determinata dal browser del visualizzatore, non dal codice HTML. Utilizzando CSS, puoi modificare la natura del tag di intestazione in modo che venga visualizzato come tu desideri, ad esempio grassetto, carattere Times, corsivo, arancione e 36 pixel (px).

Come quando si utilizzano gli stili in un elaboratore di testi, è possibile scegliere di modificare lo stile del tag <h1> (ad esempio, modificare la dimensione del testo in 18 px) e modificare automaticamente la dimensione del testo di tutti gli elementi h1 sulla pagina Web interessata.

# Come funzionano i CSS?

Quando un visitatore carica una pagina Web, digitando l'indirizzo URL o facendo clic su un collegamento, il server (ovvero il computer che memorizza la pagina Web) invia il file HTML al computer del visitatore insieme a tutti i file collegati o incorporati nel file HTML. Indipendentemente da dove si trovi il codice CSS, il browser del visitatore lo interpreterà e lo applicherà all'HTML per eseguire il rendering della pagina Web utilizzando il particolare motore di rendering di quel browser. In tal modo i risultati vengono visualizzati nella finestra del browser.

L'interpretazione del motore di rendering del browser è dove iniziano i problemi. Il World Wide Web Consortium (W3C) ha fatto di tutto per creare delle specifiche in base alle quali gli sviluppatori di browser debbano eseguire il rendering del codice Web. Tuttavia, bug, omissioni e interpretazioni errate continuano a insinuarsi. Di conseguenza, non esistono due browser che riproducono una pagina Web esattamente allo stesso modo.

Per la maggior parte, queste differenze passano inosservate a molti utenti, ma a volte le differenze sono evidenti e richiedono che tu faccia del lavoro extra per far sembrare la pagina adeguata con la maggior parte dei browser.

Esiste sempre la possibilità che la tua pagina venga visualizzata senza CSS a causa di un errore o incompatibilità, come avviene in alcuni browser per dispositivi mobile. Dovresti sempre considerare come apparirà la tua pagina anche senza gli stili CSS e assicurarti che la pagina abbia ancora un senso strutturale.

Nel corso degli anni, CSS si è evoluto nella sua forma attuale sotto la guida del W3C ma spesso il processo è stato lento. Sebbene CSS sia uno standard, creato dal CSS Working Group del W3C, spetta a ciascun browser interpretare e implementare tale standard. Ciò ha portato ad implementazioni non uniformi e con alcuni browser più conformi di altri. Puoi dedurre che i percorsi evolutivi di HTML e CSS non sono stati particolarmente uniformi o costanti nel corso degli anni.

Tutti i browser moderni (Edge, Firefox, Safari, Opera, Chrome) supportano le importanti funzionalità di CSS3, ma anche dopo anni di sviluppo, CSS3 rimane un work in progress.

Molte funzionalità, come transizioni, trasformazioni e animazioni, non sono ancora implementate o sono sottosviluppate in alcuni browser.

# Capitolo 2: Regole CSS

Quando è stato creato l'HTML, le proprietà di stile sono state definite direttamente nel codice, tuttavia, invece di aggiungere semplicemente sempre più tag e proprietà all'HTML, il W3C ha introdotto i fogli di stile a cascata (Cascading Style Sheets) per riempire il vuoto di progettazione in HTML, consentendo al Web di diventare semantico nella struttura.

Considera il tag <strong>, per esempio. In HTML, questo tag comune fa una cosa e solo una cosa: rende il testo "più forte", di solito visualizzandolo in grassetto. Tuttavia, utilizzando CSS, puoi "ridefinire" il tag <strong> in modo che non solo renda il testo in grassetto, ma aggiunga anche maggiore enfasi visualizzando il testo in maiuscolo o con un carattere specifico. Potresti anche impostare il tag <strong> in modo da non rendere il testo in grassetto.

Sebbene sia HTML che CSS si siano evoluti nel corso degli anni, raramente si sono evoluti in tandem. Ogni standard ha praticamente seguito il proprio percorso ed è quasi una casualità che CSS3 e HTML5 siano stati rilasciati contemporaneamente, creando le nuove basi e il nuovo framework per i siti Web moderni.

La potenza del CSS deriva dalla sua capacità di combinare regole da più fonti per adattare i layout delle tue pagine web alle tue esigenze. In un certo senso, assomiglia alla programmazione di computer, il che non è troppo sorprendente, perché molte di queste cose sono state create da programmatori, piuttosto che da web designer. Una volta capito il meccanismo, "parlare" CSS diventa naturale come mettere insieme una frase in inglese.

# Tipi di regole CSS

La cosa migliore dei fogli di stile a cascata è che sono incredibilmente semplici da configurare. Non richiedono plug-in o software elaborato ma solo file di testo con regole al loro interno. Una regola CSS definisce come dovrebbe apparire l'HTML e come dovrebbe comportarsi nella finestra del browser. Le regole CSS sono disponibili in quattro tipi, ciascuno con usi specifici:

- Selettore HTML: la parte di testo di un tag HTML è chiamata selettore. Ad esempio, h1 è il selettore per il tag <h1>. Il selettore HTML viene utilizzato in una regola CSS per ridefinire la modalità di visualizzazione del tag. Ad esempio: h1 {color: red;} applicherà lo stile a tutti i tag <h1>...</h1>

- Selettore di classe: una classe è una regola che può essere applicata a qualsiasi tag HTML a tua discrezione. Puoi denominare la classe come preferisci e, poiché una classe può essere applicata a più tag HTML, è il tipo di selettore più versatile. Ad esempio, la classe: .miaClasse {font: bold 1.25em times; } definirà lo stile del tag: <h1 class = "miaClasse"> ... </h1>

- Selettore ID: proprio come i selettori di classe, i selettori di ID possono essere applicati a qualsiasi tag HTML. I selettori di ID, tuttavia, dovrebbero essere applicati solo una volta a un particolare tag HTML su una data pagina per creare un oggetto da utilizzare con una funzione JavaScript. Ad esempio, l'ID: #mioOggetto1 { position: absolute; top: 10px; }

applicherà uno stile al tag: <h1 id = "
mioOggetto1"> ... </h1>

- Selettore universale: il selettore
universale è un selettore sostitutivo
rappresentato da un asterisco (*) che
viene utilizzato quando si desidera
applicare uno stile indipendentemente
dal selettore in uso. Ciò è
particolarmente utile quando utilizzi stili
contestuali e non conosci il contesto
esatto. Ad esempio, il selettore
universale: article * strong { position:
absolute; top: 10px; } definirà lo stile del
tag strong in:
<article><p><strong>...</strong></p>
</article> così come in:
<article><blockquote><strong>...</stro
ng></blockquote></article>

Una regola CSS è costituita da proprietà e
relativi valori, che insieme vengono definiti

dichiarazione. Una singola regola CSS può avere più dichiarazioni, ciascuna separata da un punto e virgola (;). Tutte le regole, indipendentemente dalla loro posizione o tipo, hanno i seguenti elementi strutturali:

- I selettori sono i caratteri alfanumerici che identificano una regola. Un selettore può essere un selettore di tag HTML, un selettore di classe, un selettore di ID, un selettore universale o una combinazione di quei selettori di base per creare stili basati sul contesto.

- Le proprietà identificano ciò che viene definito. Sono disponibili diverse dozzine di proprietà e ciascuna è responsabile di un aspetto del comportamento e dell'aspetto dei contenuti della pagina.

- I valori vengono assegnati a una proprietà per definirne la natura. Un valore può essere una parola chiave come "red", un numero o una percentuale. Il tipo di valore utilizzato dipende esclusivamente dalla proprietà a cui è assegnato.

La sintassi di base di una regola CSS inizia con un selettore (HTML, Classe o ID). Quindi aggiungi una proprietà, un valore per quella proprietà e un punto e virgola, tutto l'insieme è chiamato dichiarazione. È possibile aggiungere tutte le definizioni necessarie purché siano separate da un punto e virgola.

# Estensioni dei browser

Oltre a supportare le proprietà CSS specificate e definite dal W3C, ogni sviluppatore di browser introduce proprietà specifiche del browser. Questo viene spesso fatto per due motivi:

- Una specifica è ancora in fase di sviluppo da parte del W3C ma lo sviluppatore del browser desidera iniziare a utilizzarle in anticipo.
- Lo sviluppatore del browser vuole provare una nuova idea ma non vuole aspettare che il W3C l'accetti e inizi a lavorarci, cosa che può richiedere anni.

A volte la sintassi esatta della specifica CSS ufficiale sarà leggermente diversa dalla versione "sandbox" creata per un browser specifico. Per evitare confusione e garantire la compatibilità futura del codice CSS, ogni motore di rendering ha adattato il proprio prefisso da utilizzare con le proprietà CSS che sono estensioni uniche per quel browser.

I prefissi per ogni browser sono mostrati nella tabella seguente:

| Estensione | Motore di rendering | Browser | Esempio |
|------------|---------------------|---------|---------|
| -webkit- | Webkit | Safari, Chrome | -webkit-transition |
| -moz- | Mozilla | Firefox | -moz-transition |
| -o- | Presto | Opera | -o-transition |
| -ms- | Trident | Internet Explorer | -ms-transition |

Queste estensioni CSS a volte si sovrappongono ed entrano in conflitto quando diversi browser promuovono le proprie soluzioni. La buona notizia è che a causa della natura dei CSS, puoi includere versioni di ciascuna delle proprietà per i singoli browser, in modo che il browser utilizzi la versione più adatta. In tutto il libro, includo le estensioni CSS del browser, quando appropriato, in modo da poter garantire la più ampia interoperabilità dei tuoi stili.

Le estensioni CSS del browser possono essere incluse tutte per garantire che uno stile venga applicato quando disponibile per un determinato browser.

# Capitolo 3: Le basi di CSS

CSS ti consente di controllare tutti gli elementi dell'aspetto del tuo documento: carattere, testo, colori, sfondi, dimensioni, bordi, spaziatura, posizionamento, effetti visivi, tabelle ed elenchi. Consente anche di controllare gli stili degli elementi utilizzando transizioni e trasformazioni. Tuttavia, il vero potere dell'uso dei CSS per gli stili è che puoi cambiare l'aspetto di ogni pagina del tuo sito web cambiando solo poche righe di codice CSS.

Con un uso esperto dei CSS, puoi iniziare con una semplice pagina web, aggiungere design visivo e interazione e trasformarla in un ambiente molto più user-friendly. CSS funziona definendo gli stili degli elementi su una pagina Web utilizzando le regole CSS.

Utilizzerai costantemente i quattro selettori di base visti in precedenza e sono il miglior punto di partenza.

# Aggiungere stile a un tag HTML

Sebbene l'utilizzo di CSS significhi che non è necessario impostare l'aspetto di ogni tag individualmente, si ha comunque la libertà di impostare uno stile all'interno di un singolo tag, utilizzando uno stile inline. Ciò è utile quando hai impostato gli stili per la pagina nell'intestazione o in un foglio di stile esterno e devi sovrascrivere tali stili caso per caso.

Tuttavia, dovresti farlo solo come ultima spiaggia poiché gli stili in linea hanno la massima priorità nell'ordine a cascata ed è praticamente impossibile ignorarli. Per impostare le proprietà di stile dei singoli tag HTML:

1. Aggiungi la proprietà style al tag HTML. Digita style = nel tag HTML a cui

desideri applicare gli stili, ad esempio:

<h1 style =

2. Aggiungi le tue dichiarazioni CSS in un elenco separato da virgole. Tra virgolette, digita le tue dichiarazioni di stile come proprietà: valore, utilizzando un punto e virgola (;) per separare le singole dichiarazioni. Assicurati di chiudere l'elenco delle dichiarazioni tra virgolette. "color: red;"

3. Completa il tag HTML e aggiungi il contenuto. Dopo aver chiuso il tag, aggiungi il contenuto a cui applicare lo stile. Quindi chiudere la coppia di tag con il tag di fine corrispondente.

> Titolo del libro </h1>

Se hai stili in conflitto applicati allo stesso elemento, l'ordine a cascata determina quale verrà applicato. Ecco il codice completo:

<h1 style = "color: red;" > Titolo del libro </h1>

# Aggiungere stile a una pagina

Per aggiungere stili che si applicano a una singola pagina Web, anziché a un singolo elemento (inline) o a un intero sito Web (esterno), incorpora le regole di stile nella pagina Web utilizzando il tag <style>, che a sua volta includerà tutte le tue regole di stile. L'aggiunta di regole di stile, in questo modo, può sembrare identica alla modalità mostrata nella sezione precedente.

Tuttavia, quando si posizionano gli stili in una posizione comune, preferibilmente nella parte <head> del documento, è possibile modificare facilmente tutti gli stili in un documento.

Ad esempio, anziché specificare lo stile di un singolo tag <h1 id = "ch01">, puoi specificare lo stile di tutti i tag <h1 id = "ch01"> dell'intera pagina, quindi puoi modificare la regola in un unico punto, modificando l'aspetto di tutte le intestazioni di livello 1 in quella pagina.

Per impostare lo stile per i tag in un documento HTML:

1. Digita il tag style di apertura nell'intestazione del documento. Definisci l'attributo type come "text/css", che definisce gli stili che seguono come CSS, inoltre, definisci il tipo di supporto utilizzando un valore di all, che applicherà il foglio di stile alla pagina indipendentemente dal tipo di macchina utilizzata per l'output. Quindi chiudi il tag di stile e avrai qualcosa di simile: <style type="text/css" media="all">...</style>

2. Aggiungi le tue regole CSS. All'interno del contenitore di stili del passaggio 1, crea una nuova regola digitando il selettore a cui desideri aggiungere gli

stili, seguito dall'apertura e dalla chiusura delle parentesi graffe ({}). Avrai qualcosa simile a: h1 {...}

Tra le parentesi della regola, digita le dichiarazioni a cui assegnare questa regola, formattate come proprietà: valore, utilizzando un punto e virgola (;) e separando le singole dichiarazioni nell'elenco.

3. Aggiungi tutte le regole CSS che desideri definire. Le regole obbediscono all'ordine a cascata ma, in generale, puoi sovrascrivere uno stile riscrivendolo più in basso nell'elenco.

Ecco come apparirebbe una semplice pagina:

```
<!DOCTYPE html>
<html lang="it">
<head>
<meta charset="UTF-8">
<title>Esempio di style</title>
```

```html
<style type="text/css" media="all">
h1 {
 color: orange;
 font-size: 3em;
 font-weight: normal;
}
</style>
</head>
<body>
<h1 style="color:red;">Titolo del
libro</h1>
</body>
</html>
```

# Aggiungere stili a un sito Web

Uno dei principali vantaggi dei CSS è che è possibile creare un foglio di stile una volta e utilizzarlo in una singola pagina Web o nell'intero sito Web. A tale scopo, bisogna creare un file CSS esterno separato dal documento HTML che contiene solo codice CSS, nessun codice HTML, JavaScript o qualsiasi altro codice. La creazione di un file CSS esterno è un processo che si articola in due fasi. Innanzitutto, imposta le regole CSS in un file di testo. In secondo luogo, collega o importa questo file in un documento HTML utilizzando il tag <link> o la regola @import.

Il primo passaggio per utilizzare un foglio di stile esterno a livello globale su un sito Web consiste nel creare il file esterno che contiene tutto il codice CSS. Tuttavia, a differenza dell'aggiunta di stili incorporati, non utilizzi i tag <style> in un file CSS esterno. In effetti, ciò causerebbe il fallimento del foglio di stile esterno.

Per impostare un file CSS esterno:

1. Crea un nuovo file di testo: è possibile utilizzare un editor di testo o un software di editing Web. Salva il file utilizzando l'estensione .css, ad esempio, stile.css. Notepad++ o SublimeText vanno benissimo ma potresti voler utilizzare un programma software di modifica del codice specializzato come Intellij Idea, Eclipse, VS Code, l'importante è non utilizzare Microsoft Word o programmi simili.

2. Importa il file CSS: questo è opzionale, ma puoi creare tutti i fogli di stile esterni che desideri e importare fogli di stile

l'uno nell'altro per combinare i loro stili. Tuttavia, se una regola di importazione è inclusa in un foglio di stile esterno, deve essere inserita prima di tutto il resto del codice CSS. @import {global.css}

3. Aggiungi le tue regole CSS al file di testo. Non includere altri tipi di codice, nessun HTML o JavaScript. Inizia una nuova regola digitando il selettore a cui desideri aggiungere gli stili, seguito dall'apertura e dalla chiusura delle parentesi graffe ({}). Avrai qualcosa di simile a:

h1 { color: green; font-size: 3em; font-weight: bold; }

Tra le parentesi della tua regola, digita le dichiarazioni da assegnare a questa regola utilizzando un punto e virgola (;) per separare le singole dichiarazioni nell'elenco.

Adesso è possibile collegare questo file alle pagine Web utilizzando uno dei due metodi seguenti:

- Utilizza il tag <link> per collegare file CSS esterni a un file HTML.

- Usa @import per collegare i file CSS esterni a un file HTML.

I file dei fogli di stile esterni possono essere applicati a qualsiasi file HTML utilizzando il tag <link>. Il collegamento di un file CSS influisce sul documento come se gli stili fossero stati incorporati direttamente nel tag <head> del documento ma, inserendolo in un file separato, il codice può essere riutilizzato su più pagine Web e le modifiche apportate nell'unico file centrale avranno effetto su tutte le pagine.

Per creare un collegamento a un file CSS esterno usando link:

1. Aggiungi un tag link al documento HTML. All'interno di <head>...</head> del documento HTML, apri il tag <link> e digita uno spazio.

2. Specifica la relazione del link con il documento come foglio di stile. Questo è importante, poiché il tag link può essere utilizzato per aggiungere altri tipi di file. Non includendo questo attributo, molti browser non caricheranno il codice quindi aggiungi rel = "stylesheet"

3. Specifica la posizione del file CSS da utilizzare, globale o locale, ad esempio, style.css. Questo è il percorso completo e il nome (inclusa l'estensione) del documento CSS esterno. href = "style.css"

4. Specifica il tipo di informazioni da collegare. In questo esempio, è un file

di testo contenente CSS quindi type =
"text / css"

5. Specifica il tipo di supporto a cui
applicare questo foglio di stile ovvero
media = "all">

Al termine avrai qualcosa simile a:

<link href="style.css" rel="stylesheet"
type="text/css" media="all">

Un altro modo per inserire fogli di stile esterni
in un documento consiste nell'utilizzare la
regola @import. Il vantaggio è che può essere
utilizzato non solo per inserire un file CSS
esterno in un file di documento HTML ma
anche per importare un file CSS esterno in un
altro. Per importare un file CSS esterno con
@import devi:

1. Nell'intestazione del documento
HTML, aggiungere un elemento style.
È lo stesso discusso in precedenza in

questo capitolo: <style type = "text / css" media = "all"> ... </style>

2. Aggiungere la regola @import nel tag <style>, prima di qualsiasi altro codice CSS che desideri includere, digita @import() e tra le parentesi includi l'URL del documento CSS da importare. L'URL può essere globale, nel qual caso inizierebbe con http:// o https://, oppure potrebbe essere un percorso locale che punta a un altro file nello stesso dominio, in tal caso avrai: @import url (style.css);

Puoi includere tutti i file che desideri ma tutti devono essere inseriti prima di qualsiasi codice CSS incorporato in quel tag <style>. Puoi anche inserire @import direttamente in un altro foglio di stile esterno. Ciò importerà il codice CSS da un foglio di stile all'altro in modo che quando il secondo foglio di stile viene collegato o importato in un file HTML, vengono inclusi anche gli stili del primo foglio di stile.

3. Aggiungere il resto del tuo CSS incorporato. Se necessario, puoi includere regole CSS incorporate aggiuntive in questo punto.

Al termine avrai qualcosa simile a:

```
<style type="text/css" media="all">
@import url('style.css');
@import url('dettaglio.css');
h1 {
color: orange;
font-size: 3em;
font-weight: normal;
}
</style>
```

# Capitolo 4: Selettori di classi e ID

## Selettori di classi

Un selettore di classe ti consente di impostare uno stile indipendente che puoi applicare a qualsiasi tag HTML. A differenza di un selettore HTML, che mira automaticamente a un tag specifico, ad un selettore di classe viene assegnato un nome univoco che viene quindi specificato utilizzando l'attributo style nel tag HTML o in qualsiasi tag in cui si desidera utilizzarlo.

Tuttavia, puoi anche specificare gli stili da applicare utilizzando una classe per un tag HTML specifico, rendendola una classe dipendente. Per definire un selettore di classe:

1. Assegna un nome alla tua classe. Digita un punto (.) seguito dal nome di una classe; quindi apri e chiudi il blocco di dichiarazione con parentesi graffe ({}) ad esempio: .capitolo {...}. Le classi CSS possono essere definite nell'intestazione del documento all'interno dei tag di stile o in un file CSS esterno importato o collegato al documento HTML. Il nome della classe può essere qualsiasi cosa ma:

   - Usa solo lettere e numeri. Puoi utilizzare trattini e trattini bassi, ma non all'inizio del nome.
   - Il primo carattere non può essere un numero, un trattino basso o un trattino.
   - Non utilizzare spazi.

2. Aggiungi le dichiarazioni alla regola. All'interno delle parentesi, digita le dichiarazioni da assegnare a questa

classe, formattate come proprietà: valore, utilizzando un punto e virgola (;) per separare le singole dichiarazioni nell'elenco. È inoltre possibile aggiungere una o più interruzioni di riga, spazi o tabulazioni dopo una dichiarazione senza interferire con il codice per renderlo più leggibile.

3. Aggiungi classi dipendenti al tuo CSS. Si possono creare classi dipendenti, che legano le dichiarazioni della classe ad un particolare tag HTML posizionando un selettore HTML davanti alla classe ad esempio: a.capitolo{...}. Nello stesso documento, puoi creare diverse versioni della classe dipendente (usando lo stesso nome) per tag differenti e avere anche una classe indipendente, come: .capitolo {...}

4. Aggiungi l'attributo class al tag HTML a cui si desidera applicarlo.

```
<span class = "capitolo">Capitolo 1
</span>
<a class="capitolo"
href="capitolo1.html"> Introduzione
</a>
```

Puoi applicare più classi a un singolo tag HTML aggiungendo nomi di classi aggiuntivi in un elenco separato da spazi: class = "nome1 nome2 nome3" Nota bene che quando si definisce la classe nel CSS, inizia con un punto (.). Tuttavia, non si utilizza il punto quando si fa riferimento al nome della classe in un tag HTML. L'uso di un punto qui farà sì che la classe fallisca.

# Selettori di ID

Come il selettore di classe, il selettore di ID può essere utilizzato per creare stili univoci indipendenti da qualsiasi particolare tag HTML, pertanto, possono essere assegnati a qualsiasi tag HTML. Gli ID vengono utilizzati in HTML per aiutare a stabilire la struttura del layout della pagina, identificare elementi univoci nel codice, individuandoli per un trattamento speciale, sia per il posizionamento con CSS o JavaScript.

Per definire un selettore di ID segui questi passi:

1. Le regole per l'ID iniziano sempre con un cancelletto (#) seguito dal nome dell'ID, ad esempio: #ch01 {...}
Il nome può essere una parola o qualsiasi insieme di lettere o numeri a

tuo piacere, con le seguenti avvertenze:

- Utilizza solo lettere e numeri. Puoi utilizzare trattini e trattini bassi, ma con cautela. Alcuni browser li rifiutano.

- Il primo carattere non può essere un numero, un trattino o un trattino basso.

- Non utilizzare spazi.

Le regole CSS possono essere definite nell'<head> del documento all'interno dei tag <style> o in un file CSS esterno, importato o collegato al documento HTML.

2. Aggiungi le dichiarazioni al tuo ID. All'interno delle parentesi graffe, digita le dichiarazioni di stile da assegnare a questo ID, formattate come proprietà: valore, utilizzando un punto e virgola (;)

per separare le singole dichiarazioni nell'elenco. È inoltre possibile aggiungere una o più interruzioni di riga, spazi o tabulazioni dopo una dichiarazione senza interferire con il codice per renderlo più leggibile.

3. Aggiungi l'attributo id al tag HTML di tua scelta, con il nome dell'ID come valore, ad esempio: <h1 id = "ch01"> ... </h1> Si noti che, sebbene il cancelletto (#) venga utilizzato per definire un selettore ID, non è incluso per fare riferimento all'ID nel tag HTML. Se lo aggiungi, la regola fallirà.

Ecco il codice risultante:

```
<style>
#ch01 {
font-family: perpetua, georgia,
serif;
```

```html
  text-shadow: 0 0 4px
rgba(0,0,0,.75); }
 </style>
</head>
<body>
 <h1 id="ch01">Capitolo 1 <span>
Introduzione</span></h1>
</body>
</html>
```

# Aggiungere commenti

I commenti ti consentono di aggiungere note importanti al tuo codice, come promemoria per te stesso o per gli altri. Un commento non influisce sul codice; i commenti aggiungono solo note o forniscono indicazioni a coloro che visualizzano il codice. Puoi includere commenti nei tag <style> o in un file CSS esterno.

Per includere commenti in un foglio di stile ti basta aggiungere il segno di apertura del commento. Per iniziare un commento in un foglio di stile, digita una barra (/) e un asterisco (*) come segue: /* e digita i tuoi commenti. Puoi utilizzare qualsiasi lettera, numero, simbolo o persino interruzioni di riga premendo il tasto Invio. Infine, aggiungi un commento di chiusura.

Chiudi il tuo commento digitando un asterisco (*) e una barra (/). All'interno del commento, puoi aggiungere il testo che desideri.

Ecco come si presenta un commento CSS:

```css
/* Questo è un commento */
```

Suggerimento: Non è possibile innestare i commenti ma sono un ottimo modo per organizzare il codice, consentendo di aggiungere "intestazioni" che separano le diverse parti del codice. Inoltre, consiglio di inserire valori costanti, come i valori di colore, nella parte superiore del codice CSS nei commenti per una rapida consultazione.

# Capitolo 5: Font

La tipografia è uno degli strumenti più potenti per presentare documenti organizzati e dall'aspetto pulito. È anche lo strumento migliore per presentare documenti caotici e dall'aspetto sgangherato. I caratteri che usi hanno il potere di trasmettere il tuo messaggio nel modo che desideri, indipendentemente dal fatto che il messaggio sia classico o qualsiasi altra via di mezzo. Dico spesso che i caratteri servono per digitare quello che la voce vuole esprimere.

Carattere tipografico, spessore del carattere, corsivo e altri effetti tipografici non solo aiutano i designer a guidare l'occhio del visitatore sulla pagina, ma aggiungono anche uno strato di significato. CSS ti dà la possibilità di controllare l'aspetto dei caratteri, noti anche come font, nelle tue pagine web. È possibile impostare la famiglia di caratteri, gli attributi in grassetto e corsivo e le dimensioni limitate dei caratteri disponibili con i tag HTML.

CSS3 perfeziona la capacità di scaricare file di caratteri dal tuo server e applicarli al testo nella tua pagina Web, dandoti la possibilità di utilizzare praticamente qualsiasi carattere desideri nei tuoi progetti. Una famiglia di caratteri (comunemente indicata nel Web design come font-family) è una categoria di caratteri tipografici con caratteristiche simili.

Ogni carattere all'interno di un font viene indicato come un glifo. I vantaggi del testo HTML rispetto al testo in Flash o in ambito grafico consistono nella facilità di adattarsi alla larghezza dello schermo su cui viene visualizzato. Inoltre, il contenuto viene spesso archiviato all'interno di database e quindi emesso come testo HTML. Tuttavia, il testo HTML presenta alcune gravi limitazioni di progettazione. In generale, la maggior parte del controllo testuale è lasciata al browser del visitatore e attualmente non è possibile fare alcune cose, come eseguire il testo verticalmente anziché orizzontalmente, senza utilizzare le trasformazioni CSS, che non sono ancora cross-browser.

Ciò che sembra più angosciante è che fino a poco tempo fa eri limitato ai caratteri disponibili sulla macchina del visitatore ma questo problema, per fortuna, è stato risolto. Ora hai decine di migliaia di caratteri tra cui scegliere utilizzando i caratteri Web.

Probabilmente hai già visto che quando crei un documento HTML5, devi specificare il set di caratteri utilizzato dalla tua pagina. Un set di caratteri è semplicemente un elenco o un repertorio di caratteri con un codice o un nome univoco che il browser riconoscerà per visualizzare il testo, questi codici sono concordati come standard internazionali. Non devi preoccuparti di questi codici, tranne quando scegli il set di caratteri che usi per le tue pagine web.

Specifica il set di caratteri nell'<head> della pagina HTML utilizzando un meta tag. Il set di caratteri internazionali più popolare è il set di caratteri UTF-8 (8-bit Unicode Transformation Format): <meta charset = "utf-8">.

In alternativa, se stai scrivendo solo in inglese, un altro set di caratteri comune è ISO 8859 -1 set di caratteri:

<meta http-equiv = "Content-Type" content = "text / html; charset = ISO-8859- 1" />

Sia UTF-8 che ISO 8859-1 funzionano più o meno allo stesso modo per l'inglese, ma UTF-8 supporta altri alfabeti quindi consiglio vivamente di restare con UTF-8. I siti Web (anche il quotidiano locale) vengono spesso tradotti al volo in diverse lingue.

CSS definisce cinque famiglie di caratteri generici in cui la maggior parte dei caratteri può essere classificata:

- Serif: un serif è il piccolo ornamento alla fine di una lettera che gli conferisce una qualità distintiva. I serif sono residui dei tempi degli scalpellini e dei tratti di penna. I caratteri serif spesso migliorano la leggibilità facendo risaltare le singole lettere rispetto a quelle vicine. Questi caratteri sono generalmente più adatti per la visualizzazione di testo più grande sullo schermo (14px o più grande) o per testo stampato più piccolo. Non sono così buoni per testo più piccolo su uno schermo, perché i serif spesso oscurano la lettera. I caratteri serif spesso rappresentano un aspetto più conservatore.

- Sans-serif: come puoi immaginare, i caratteri sans-serif sono quei caratteri senza serif. Sebbene i caratteri siano meno distintivi, i caratteri sans-serif funzionano meglio per il testo più piccolo su uno schermo. I caratteri sans-serif spesso ritraggono un'atmosfera più moderna e spesso casual.

- Monospace: sebbene i caratteri monospaziati possano avere serif o meno, la loro caratteristica distintiva è che ogni lettera occupa la stessa quantità di spazio. La lettera minuscola l, ad esempio, è molto più sottile della lettera maiuscola M. Nei caratteri non a spaziatura fissa, la lettera l occupa meno spazio della M, ma un carattere a spaziatura fissa aggiunge spazio extra intorno alla I in modo che occupi la stessa quantità di spazio in quanto i caratteri M. I caratteri Monospace funzionano meglio per il testo che deve essere letto esattamente (ma non necessariamente rapidamente), come il codice di programmazione, in cui gli errori di battitura possono creare un disastro. Sebbene più facili da scansionare, i caratteri a spaziatura fissa possono diventare monotoni per la lettura di grandi quantità di testo. I caratteri monospaziati spesso danno un aspetto tecnico o dattiloscritto al testo.

- Corsivo: i caratteri corsivi tentano di imitare la scrittura a mano corsiva o calligrafica, di solito in modo altamente stilizzato con le lettere che appaiono parzialmente o completamente collegate. I caratteri corsivi sono riservati al meglio per decorazioni e titoli grandi; non sono leggibili in grandi porzioni di testo. I caratteri corsivi danno un tocco energico ed espressivo al testo.

- Fantasy: i caratteri decorativi che non rientrano in nessuna delle categorie precedenti sono indicati come caratteri fantasy. Questi caratteri di solito sono estremamente ornamentali ma sono ancora lettere, quindi escludi caratteri immagine, illustrazioni o icone. Come i caratteri corsivi, i caratteri fantasy sono riservati per la decorazione. Dovresti usare i caratteri fantasy con parsimonia e sceglierli con attenzione per rafforzare l'aspetto del tuo sito Web, poiché ogni carattere fantasy ha invariabilmente una forte personalità.

# Impostare una font-family

Per definire la famiglia di caratteri per un elemento:

1. Aggiungi la proprietà font-family alla regola CSS. Digita il nome della proprietà font-family, seguito da due punti. In questo esempio, font-family viene applicato al tag body, che imposterà il carattere per l'intera pagina.

2. Definisci il nome del carattere principale che desideri utilizzare, seguito da una virgola. Questo nome non fa distinzione tra maiuscole e minuscole. I caratteri che contengono uno spazio nei loro nomi devono essere racchiusi tra virgolette, singole

o doppie ("Times New Roman" o "times new roman" saranno entrambi validi).

3. Definisci un elenco di caratteri alternativi, chiamati caratteri sostitutivi, separati da virgole, puoi includerne quante ne vuoi. Questi caratteri verranno utilizzati (nell'ordine specificato) se il carattere precedente nell'elenco non è disponibile sul computer del visitatore.

4. Definisci la famiglia di caratteri generici. Dopo l'ultimo carattere sostitutivo, digita il nome della famiglia di caratteri generica per il particolare stile di carattere che stai utilizzando. Sebbene includere questo valore sia facoltativo, è sempre consigliato farlo. serif;

5. Aggiungi sostituzioni di caratteri tipografici. Dopo che un carattere è stato impostato per il corpo della

pagina, verrà utilizzato in tutto il testo in tutta la pagina Web, ad eccezione del testo nei form. È necessario aggiungere un'altra dichiarazione della famiglia di caratteri al CSS solo se si desidera modificare il carattere per un particolare elemento. Questo perché le proprietà si sovrappongono ai loro elementi figli. L'eccezione alla regola della cascata sono elementi del form come input, testo, area, pulsanti e così via, che richiedono che i loro caratteri siano impostati nell'elemento del modulo a cascata verso il basso. Se utilizzerai versioni in grassetto, corsivo / obliquo e / o grassetto corsivo / obliquo del carattere, assicurati che la famiglia di caratteri supporti tutti questi caratteri. In caso contrario, il testo non verrà visualizzato correttamente o, peggio ancora, il browser proverà a

166

creare queste versioni. In ogni caso, i risultati non sembreranno affatto professionali.

Ecco un esempio di regole per il font:

```css
/*** font.css ***/
body {
font-family: Constantia, Georgia, "Times New Roman", serif;
}
h1, h2, h3, h4, h5, h6 {
font-family: Corbel, Helvetica, Arial, sans-serif;
}
h2 .titolo {
font-family: Corbel, Helvetica, Arial, sans-serif;
}
```

Con i CSS, è possibile specificare la dimensione del testo sullo schermo utilizzando diverse notazioni o metodi, tra cui la tradizionale notazione in punti basata sulla stampa (pt), percentuale (%), dimensione assoluta (px) e persino una dimensione relativa (em) al testo circostante.

L'altezza (dimensione) di un carattere viene misurata dal discendente all'ascendente (di solito l'altezza del cappuccio). L'altezza della x è l'altezza delle lettere minuscole.

I caratteri possono essere impostati come dimensioni assolute, che definiscono la dimensione in base a una misura di lunghezza standard, o dimensioni relative, che sono in relazione ai valori predefiniti impostati per il browser. Per definire la dimensione del carattere per un elemento devi aggiungere la proprietà font-size al CSS. Digita il nome della proprietà, seguito da due punti.

Definisci la dimensione del carattere e digita un valore per la dimensione del carattere, che potrebbe essere una delle seguenti opzioni:

- Un'unità di lunghezza relativa o assoluta (spesso, la dimensione del carattere in pixel o em).

- Una parola chiave di dimensione assoluta relativa alla dimensione di pagina predefinita: xx-small, xsmall, small, medium, large, x-large e xx-large.

- Una parola chiave di dimensione relativa minore o maggiore per descrivere la dimensione del carattere in relazione al suo elemento padre.

- Una percentuale che rappresenta quanto deve essere più grande (valori superiori al 100%) o più piccolo (valori inferiori al 100%) il testo in relazione alla dimensione del suo elemento principale.

La dimensione del carattere aiuta a determinarne la leggibilità sulla pagina. I titoli sono generalmente più grandi del corpo del testo ma alcuni testi, come i tag <strong> e <em>, potrebbero richiedere un po' più di attenzione. Il valore che utilizzi dipenderà dalle tue necessità; tuttavia, si consiglia generalmente di impostare le dimensioni dei caratteri relative per dare ai visitatori il controllo finale sulla visualizzazione.

Ecco un esempio di font-size:

h1 { font-size: 3em; }


Le dimensioni dei caratteri vengono misurate in base all'altezza delle lettere maiuscole, ma sono le lettere minuscole che spesso variano maggiormente da carattere a carattere. Se ti affidi a caratteri poco usati, le dimensioni dei caratteri potrebbero apparire molto diverse, anche se è impostata la stessa dimensione. Per ovviare a questo problema, CSS3 introduce la proprietà font-size-adjust, che consente di impostare la dimensione del carattere relativa alle lettere minuscole anziché alle maiuscole.

# Capitolo 6: Il testo

Il testo è ovunque e viene utilizzato per tutto, dagli ingredienti dei cereali per la colazione a una descrizione o una poesia. È il miglior sistema che gli esseri umani abbiano mai ideato per registrare pensieri complessi. Molte persone pensano al testo semplicemente come un modo per registrare le parole ma la tipografia aggiunge una voce al significato delle parole.

La tipografia influisce sull'aspetto del testo controllando non solo le forme e le dimensioni delle lettere utilizzate (il carattere) ma anche gli spazi tra lettere, parole, linee e paragrafi. Sfortunatamente, molte delle sfide della tipografia sul Web sono nate come risultato della necessità di aggirare i limiti del mezzo.

La sfida della tipografia web è di migliorare la leggibilità del testo sullo schermo, nonché guidare l'attenzione dello spettatore verso contenuti importanti. È un equilibrio difficile ma questo capitolo ti prepara con gli strumenti giusti.

Inoltre, CSS ti dà la possibilità di regolare facilmente la spaziatura del testo, incluso lo spazio tra singole lettere, parole e righe di testo in un paragrafo (iniziale). Naturalmente, potresti applicare spazi unificatori e il tag di interruzione di riga per ottenere un effetto simile in HTML semplice. Con i CSS, hai il controllo esatto su questi elementi.

# Trasformazione del testo

Quando hai a che fare con output generato dinamicamente, ad esempio da un database, non puoi mai essere sicuro se il testo apparirà in maiuscolo, minuscolo o una combinazione dei due. Con la proprietà text-transform, puoi controllare il risultato finale del testo indipendentemente da come ti viene restituito.

Per definire le maiuscole / minuscole ti basta aggiungere la proprietà di trasformazione del testo al CSS. Digita text-transform nell'elenco delle dichiarazioni CSS, seguito da due punti (:). Immetti uno dei seguenti valori di trasformazione del testo per specificare come si desidera che venga trattato il testo:

- capitalize imposta la prima lettera di ogni parola in maiuscolo.

- uppercase forza tutte le lettere in maiuscolo.

- lowercase forza tutte le lettere in minuscolo.

- none sovrascrive i valori di maiuscole / minuscole ereditati e lascia il testo inalterato.

Suggerimento: la proprietà di trasformazione del testo è riservata al meglio per la formattazione del testo generato dinamicamente. Se i nomi in un database sono tutti maiuscoli, ad esempio, puoi usare la trasformazione del testo per renderli più leggibili.

# Allineamento

Tradizionalmente, il testo è allineato al margine sinistro (giustificato a sinistra) o completamente giustificato, che allinea il testo a entrambi i margini sinistro e destro (spesso chiamato stile giornale). Inoltre, per dare enfasi o effetti speciali, il testo può essere centrato sullo schermo o addirittura giustificato a destra.

La proprietà text-align ti dà il controllo dell'allineamento e della giustificazione del testo. Sebbene la proprietà di allineamento del testo non sia stata aggiornata per CSS3, sono state aggiunte due nuove proprietà che possono influire direttamente su di essa. La proprietà text-align-last consente di trattare la giustificazione nell'ultima riga di un blocco di testo separatamente dal resto del blocco. Ciò è particolarmente utile per realizzare effetti di design interessanti, come blocchi quadrati di testo, creati consentendo la giustificazione completa dell'ultima riga di testo.

Per definire l'allineamento e la spaziatura del testo e giustificare l'ultima riga di testo devi aggiungere la proprietà text-align nell'elenco delle dichiarazioni CSS, seguito da due punti (:) e quindi specificare l'allineamento orizzontale. Utilizza uno dei seguenti stili di allineamento:

- left per allineare il testo sul margine sinistro.
- right per allineare il testo al margine destro.
- center per centrare il testo all'interno della sua area.
- justify per allineare il testo su entrambi i margini sinistro e destro.

- inherit fa in modo che il testo prenda l'allineamento dei suoi genitori.

- auto utilizza l'allineamento predefinito, generalmente a sinistra.

Se si desidera che l'ultima riga di un paragrafo venga trattata in modo diverso dal resto del testo, aggiungere la proprietà text-align-last con cui puoi usare le proprietà appena descritte.

Dovresti anche includere la versione dell'estensione -moz per la piena compatibilità. -moz-text-align-last: center;

Se si utilizza testo giustificato (text-align: justify), aggiungi la proprietà text-justify. Digita text-justify nell'elenco delle dichiarazioni CSS, seguito da due punti (:) e specifica come viene trattato il testo giustificato.

Usa uno dei seguenti stili di giustificazione:

- kashida per giustificare il testo in caratteri corsivi allungando le loro connessioni.

- distribuite per aggiungere spazio tra parole e lettere.

- inter-cluster per aggiungere spazio nel contenuto senza spaziatura tra le parole, come molte lingue asiatiche.

- inter-ideograph per aggiungere spazio tra le parole o bloccare gli script come con alcuni script asiatici.

- inter-word per aggiungere spazio solo tra le parole.

- none per disabilitare la giustificazione.

- auto per usare l'allineamento predefinito (generalmente allineamento a sinistra).

Utilizzando la proprietà vertical-align, è possibile specificare la posizione verticale di un elemento inline rispetto agli elementi sopra o sotto di esso.

Ciò significa che la proprietà vertical-align può essere utilizzata solo con tag inline e tag di tabella, ovvero tag senza interruzioni prima o dopo di essi, come l'ancora <a>, immagine <img>, testo enfatizzato <em>, testo importante <strong> e tag di dati della tabella <td>.

Per definire l'allineamento verticale aggiungi la proprietà vertical-align nell'elenco delle dichiarazioni, seguito da due punti (:). Digita un valore per l'allineamento del testo verticale utilizzando una di queste opzioni:

- super scrive il testo sopra la linea di base.
- sub scrive il testo sotto la linea di base.
- baseline posiziona il testo sulla linea di base (il suo valore predefinito).

Per allineare la parte superiore del testo con la parte superiore del testo dell'elemento principale, ad esempio, dovresti utilizzare text-top.

# Capitolo 7: Colore

I colori costituiscono un aspetto importante di tutto il design, anche se sono solo bianco e nero, infatti, creano la prima impressione del tuo sito. I colori luminosi, accesi e simili a gioielli hanno una resa radicalmente diversa dai quelli più spenti. Anche se scegli di utilizzare solo il bianco e nero, il tuo design avrà bisogno di una dichiarazione.

Oltre al loro impatto decorativo, i colori possono anche guidare lo sguardo dello spettatore sulla pagina, aiutandolo ad evidenziare alcune aree importanti e minimizzare altre. In questo capitolo imparerai i metodi principali utilizzati per aggiungere e controllare il colore con i CSS.

Tieni presente, tuttavia, che puoi specificare il colore utilizzando diverse proprietà CSS.

Crea un nuovo file chiamato colore-sfondo.css, che conterrà il codice CSS di questo capitolo e importalo come abbiamo già visto. Puoi definire i colori in vari modi in CSS.

Diversi metodi rappresentano semplicemente come i colori primari - rosso, verde e blu - dovrebbero essere mescolati ma questo non è affatto l'unico modo in cui i colori sono definiti nei CSS. Per impostare un valore di colore devi usare la parola chiave color.

Ad esempio, per creare un bordo di colore aqua, usa border: 1px solid aqua;. Un'altra parola chiave importante è trasparent, che è l'equivalente di uno 0 alfa, cioè, è completamente trasparente. Questa parola chiave consente di mostrare qualsiasi cosa dietro quell'elemento.

# Diverse notazioni

I valori esadecimali possono variare da 0 a 9 e dalla lettera a alla lettera f. I valori includono tre valori esadecimali che rappresentano i livelli di rosso, verde e blu (in quest'ordine) sono presenti nel colore desiderato. Il valore delle coppie di colori varia da 00 (nessun colore) a FF (colore pieno).

Tuttavia, se i distici contengono lo stesso valore esadecimale, sono necessari solo tre valori per definire il colore. Ad esempio, questi due set di valori rappresentano lo stesso blu puro: #0000ff e #00f.

Esadecimale o decimale? Fino a poco tempo, si presumeva che i colori dovessero essere sempre dichiarati in notazione esadecimale RGB. In effetti, incontro ancora designer e sviluppatori che sono completamente inconsapevoli di avere alternative.

Il decimale RGB è usato da un po' di tempo e funzionerà in qualsiasi browser tu voglia usarlo. Ma qual è il "migliore"? Personalmente trovo che sia molto più facile immaginare un colore in numeri decimali che in valori esadecimali. Posso guardare il valore (135, 127, 107) e sapere che è un beige rossastro molto più velocemente rispetto a 877f6b. Inoltre, poiché non esiste una versione alfa per esadecimale, se vuoi colori trasparenti, devi usare valori decimali.

L'unico argomento a favore dei valori di colore esadecimali è che sono più compatti (una dimensione di file inferiore) rispetto ai valori decimali. Ma anche su un sito Web di grandi dimensioni, è possibile risparmiare solo pochi byte (milionesimi di secondo nel tempo di caricamento).

I valori decimali RGB, spesso indicati semplicemente come valori RGB, utilizzano valori decimali da 0 (nessun colore) a 255 (colore pieno) per rappresentare i livelli di rosso, verde e blu (in quest'ordine) presenti nel colore desiderato. I valori RGB possono anche essere espressi come percentuali intere da 0% (nessun colore) a 100% (colore pieno) per rappresentare i livelli di rosso, verde e blu (in quell'ordine) presenti nel colore desiderato.

Sebbene le loro notazioni siano diverse, i valori esadecimali, decimali e percentuali sono solo modi diversi per definire i livelli di rosso, verde e blu in un colore. CSS3 aggiunge un metodo completamente diverso per definire il colore in base a tonalità, saturazione e luminosità (HSL):

- Tonalità: un valore di grado compreso tra 0 e 360, sebbene il simbolo del grado non sia incluso. La tonalità si basa sulla posizione di un colore nella ruota dei colori standard in cui il rosso è a 0°, il giallo a 60°, il verde a 120°, il ciano a 180°, il blu a 240° e il magenta a 300°.

- Saturazione: una percentuale dallo 0% (nessun colore) al 100% (colore pieno).
- Luminosità: una percentuale da 0% (nero) a 100% (bianco).

I valori di colore HSL rappresentano la tonalità come angolo su una ruota di colori standard (0–360), la saturazione come percentuale e la luminosità come percentuale. Ecco alcuni modi per definire il colore bianco in CSS:

color: white;
**color:** #ffffff;
**color:** #fff;
**color:** #FFF;
**color:** rgb(**255**, 255, 255);

```css
color: rgb(100%, 100%, 100%);
color: hsl(360, 100%, 100%);
```

# Capitolo 8: Responsive design

Il web design è a un bivio. Per la maggior parte di questo libro, ho mostrato esempi presentati in un browser su computer. Tuttavia, sempre più contenuti web vengono forniti a browser su smartphone e tablet.

Potrebbe sorprenderti apprendere che la navigazione sul Web tramite questi dispositivi mobili supera quella effettuata da computer. Per i web designer, il problema è che un unico sito non va bene per tutti. È possibile utilizzare diverse strategie per gestire i vari dispositivi — ignorarli non è una strategia praticabile — ma la migliore di queste soluzioni è semplicemente utilizzare lo stesso codice HTML con layout e contenuto regolati utilizzando CSS e media query.

In questo capitolo imparerai le tecniche di base per il responsive design, la regolazione dei CSS per Internet Explorer e come regolare facilmente il design della tua pagina per adattarla al dispositivo da cui viene visualizzata.

Chiaramente, una strategia univoca per tutti non funzionerà. Un layout che funziona in un dispositivo può diventare problematico e inutilizzabile in un altro. Invece, il nostro design deve essere reattivo, cambiando secondo necessità in base al contesto dell'utente come il dispositivo che sta utilizzando e la risoluzione dello schermo.

La maggior parte dei progetti reattivi utilizzerà quindi punti di interruzione in cui l'interfaccia deve cambiare radicalmente per contesti diversi e adattarsi per apportare modifiche minori per dispositivi specifici. A tale scopo, utilizzeremo query multimediali per "chiedere" informazioni al dispositivo su sé stesso e quindi fornire gli stili di conseguenza.

Il server conterrà un assortimento di fogli di stile che vengono quindi assemblati per adattarsi alle capacità del dispositivo. L'approccio che viene spesso chiamato "design reattivo" è in realtà una combinazione di tecniche utilizzate per creare pagine Web che si ottimizzano per l'ambiente dell'utente finale, indipendentemente dal suo browser, versione o dispositivo.

Un design reattivo include:

- Miglioramento progressivo: non si tratta di un codice specifico da distribuire ma di una filosofia di progettazione generale che sarà necessario applicare alle decisioni di sviluppo. Si basa sull'idea che i progetti debbano ridimensionarsi a seconda dell'ambiente in cui vengono visualizzati.

- Ripristino degli stili: per garantire che gli stili del browser predefiniti interferiscano il meno possibile con il design finale, ripristineremo manualmente i margini, il riempimento, e altri valori di stile predefiniti. Questa operazione deve essere eseguita una sola volta per sito ma garantisce una migliore conformità su tutti i browser e dispositivi.

- Stili condizionali per Internet Explorer: sebbene in disuso, potrebbe essere necessario modificare il design per le versioni precedenti di IE.

- Stili adattivi: sostituiscono la perfezione dei pixel con dimensioni relative più fluide, consentendo al layout di allungarsi e ridursi entro i confini delle dimensioni dello schermo. Ad esempio, dovresti apportare modifiche all'interfaccia tra un iPhone e un iPad perché hanno contesti sostanzialmente diversi. Tuttavia, un iPhone e uno smartphone Android condividono contesti simili, quindi è possibile mantenere design simili ma, le loro dimensioni esatte possono variare, richiedendo alcuni adattamenti progettuali.

- Punti di interruzione: gli stili adattivi sono utili ma il design reattivo utilizza punti di interruzione specifici, a quel punto il design viene adattato in modo più radicale, generalmente tra dispositivi piccoli (come smartphone), dispositivi medi (tablet), dispositivi di grandi dimensioni (monitor di computer) e dispositivi extra-grandi (televisori ad alta definizione).

È chiaro che non tutti i browser sono uguali, quindi perché dovremmo aspettarci che tutti i siti Web vengano trattati in questo modo? Per anni i web designer hanno cercato di progettare per il minimo comune denominatore (Internet Explorer) e ignorare le nuove funzionalità nella convinzione di dover creare la stessa esperienza in tutti i browser.

La perfezione dei pixel è una filosofia dell'esperienza utente che impone che un design Web debba essere esattamente lo stesso su ogni versione di ogni browser. Al contrario, il miglioramento progressivo è una filosofia di progettazione che consiglia di utilizzare tecnologie più recenti (come CSS3) anche se il design potrebbe non essere esattamente lo stesso in tutti i browser.

Ciò che è più importante è che su ogni dispositivo di destinazione, il design alla fine appaia nel modo più bello possibile con il minor lavoro di progettazione e codifica in più possibile.

# Come funziona?

L'utilizzo del miglioramento progressivo è fondamentale quando si progetta su più browser e su più dispositivi, perché quando si tratta di progettare per smartphone e tablet, il desiderio di creare design perfetti per i pixel può effettivamente essere controproducente. Il responsive design si basa sul fatto che i design si adatteranno automaticamente ai dispositivi.

Tuttavia, progettare in questo modo richiederà alcune considerazioni speciali. Ti consiglio di seguire queste semplici linee guida:

- Il contenuto di base è accessibile a tutti i browser: un design può avere un aspetto diverso da browser a browser e da dispositivo a dispositivo ma i contenuti sono gli stessi, indipendentemente dalla loro presentazione. Tuttavia, fai attenzione a non aggiungere stili che impediscano la visualizzazione del contenuto. Ad esempio, potresti pensare che sia bello mettere del testo bianco su uno sfondo bianco con un'ombra di testo per farlo apparire. Ma cosa succede quando il browser non supporta le ombre di testo? Il testo scompare.

- La funzionalità di base è accessibile a tutti i browser: un'interazione potrebbe non agire esattamente allo stesso modo in tutti i contesti ma l'utente può eseguire una funzione con lo stesso risultato. Ad esempio, puoi migliorare i menu con transizioni CSS, menu a discesa e altri elementi decorativi; assicurati solo che ogni utente possa ancora utilizzare la stessa navigazione.

- Il layout migliorato è fornito da CSS collegati esternamente: il contenuto deve essere tenuto separato dal codice utilizzato per lo stile. In altre parole, colloca sempre tutti gli stili in fogli di stile esterni.

- Gli stili dell'utente finale dovrebbero essere rispettati: molti utenti del Web hanno stili personalizzati impostati per il proprio browser, spesso a causa di problemi di vista, che consentono loro di utilizzare il Web in modo più efficace. Non dovresti creare problemi con quegli stili.

Abbiamo fornito delle linee guida da cui partire per creare un sito Web che sia funzionale ed adatto al suo scopo, preservando l'aspetto.

Ti consiglio di sperimentare molto, provare combinazioni di stili, effettuare dei test e chiedere consigli ai tuoi amici in modo da raccogliere suggerimenti utili sul sito che stai realizzando.

Infine, mai accontentarsi. Cerca sempre l'optimum effettuando ricerche, leggendo libri e informandoti costantemente sulle ultime novità di HTML5, CSS3 e JavaScript che sono gli elementi chiave di ogni sito.

# Python

# Capitolo 1: Computer e Programmi

Quasi tutti hanno utilizzato un computer nella loro vita. Probabilmente hai giocato ai videogiochi o usato un computer per scrivere un testo o per accedere alla tua banca via Internet. I computer vengono utilizzati per prevedere il meteo, progettare aeroplani, realizzare film, gestire attività commerciali, eseguire transazioni finanziarie e controllare le fabbriche. Ti sei mai fermato a chiederti cosa sia esattamente un computer? Come può un dispositivo eseguire così tante attività diverse? Queste domande di base sono il punto di partenza per l'apprendimento dei computer e della programmazione.

Un computer moderno può essere definito come "una macchina che memorizza e manipola le informazioni sotto il controllo di un programma modificabile". Ci sono due elementi chiave in questa definizione. Il primo è che i computer sono dispositivi per manipolare le informazioni.

Ciò significa che possiamo inserire le informazioni in un computer e questo può trasformarle in nuove forme utili e quindi produrre o visualizzare le informazioni per la nostra interpretazione. I computer non sono le uniche macchine che manipolano le informazioni, infatti, quando si utilizza una semplice calcolatrice per sommare una colonna di numeri, si immettono informazioni (i numeri) e la calcolatrice elabora le informazioni per calcolare una somma parziale che viene quindi visualizzata.

Un altro semplice esempio è una pompa di benzina. Mentre riempi il serbatoio, la pompa utilizza determinati input: il prezzo corrente del carburante per litro e la velocità del carburante che scorre nella tua auto. La pompa trasforma questo input in informazioni su quanto carburante hai preso e quanto devi pagare. Non considereremmo né il calcolatore né la pompa di benzina come computer a tutti gli effetti, sebbene le versioni moderne di questi dispositivi possano effettivamente contenere computer incorporati. Sono diversi dai computer in quanto sono progettati per eseguire un singolo compito specifico. È qui che entra in gioco la seconda parte della nostra definizione: i computer operano sotto il controllo di un programma modificabile. Cosa significa esattamente questo? Un programma per computer è una serie di istruzioni dettagliate che dicono esattamente cosa fare. Se cambiamo il programma, il computer esegue una diversa sequenza di azioni e quindi esegue un'attività diversa.

È questa flessibilità che consente al tuo PC di essere un momento un elaboratore di testi, il momento successivo un pianificatore finanziario e in seguito un videogioco. La macchina rimane la stessa, ma cambia il programma che controlla la macchina. Ogni computer è solo una macchina per eseguire programmi ed esistono molti tipi diversi di computer. Potresti avere familiarità con Macintosh e PC, ma ci sono letteralmente migliaia di altri tipi di computer sia reali che teorici.

Una delle scoperte notevoli dell'informatica è la consapevolezza che tutti questi diversi computer hanno la stessa potenza; con una programmazione adeguata, ogni computer può fondamentalmente fare tutte le cose che qualsiasi altro computer può fare. In questo senso, il PC che potresti avere seduto sulla tua scrivania è davvero una macchina universale. Può fare tutto ciò che desideri, a condizione che tu possa descrivere l'attività da svolgere in modo sufficientemente dettagliato. Renditi conto della potenza del tuo notebook.

Hai già imparato un'importante lezione di informatica: il software (programmi) governa l'hardware (la macchina fisica). È il software che determina cosa può fare qualsiasi computer. Senza software, i computer sarebbero solo costosi fermacarte. Il processo di creazione del software si chiama programmazione e questo è l'obiettivo principale di questo libro. La programmazione del computer è un'attività impegnativa, infatti, una buona programmazione richiede la capacità di vedere il quadro generale prestando attenzione ai minimi dettagli.

Non tutti hanno il talento per diventare un programmatore di prima classe, così come non tutti hanno le capacità per essere un atleta professionista. Tuttavia, praticamente chiunque può imparare a programmare i computer. Con un po' di pazienza e impegno da parte tua, questo libro ti aiuterà a diventare un programmatore. Ci sono molte buone ragioni per imparare a programmare. La programmazione è una parte fondamentale dell'informatica ed è, quindi, importante per chiunque sia interessato a diventare un professionista del computer.

I computer sono diventati uno strumento comune nella nostra società e la comprensione dei punti di forza e dei limiti di questo strumento richiede una comprensione della programmazione. I non programmatori spesso si sentono schiavi dei loro computer mentre i programmatori, tuttavia, hanno davvero il controllo. Se vuoi diventare un utente più intelligente dei computer, allora questo libro fa per te. La programmazione può anche essere molto divertente, è un'attività intellettualmente coinvolgente che consente alle persone di esprimersi attraverso creazioni utili e talvolta straordinariamente belle.

Che tu ci creda o no, molte persone scrivono programmi per computer come hobby. La programmazione sviluppa anche preziose capacità di problem solving, in particolare la capacità di analizzare sistemi complessi riducendoli a interazioni di sottosistemi comprensibili. Come probabilmente saprai, i programmatori sono molto richiesti e diversi studenti hanno trasformato un paio di corsi di programmazione per computer in una carriera redditizia.

I computer sono così comuni nel mondo degli affari oggi che la capacità di comprendere e programmare i computer potrebbe darti un vantaggio sulla concorrenza, indipendentemente dalla tua occupazione.

# Capitolo 2: Linguaggi di programmazione

Ricorda che un programma è solo una sequenza di istruzioni che dicono a un computer cosa fare. Ovviamente, dobbiamo fornire quelle istruzioni in una lingua che un computer possa capire. Sarebbe bello se potessimo dire a un computer cosa fare usando la nostra lingua madre, come fanno nei film di fantascienza. ("Computer, quanto tempo ci vorrà per raggiungere il pianeta Nettuno?")

Sfortunatamente, nonostante i continui sforzi di molti scienziati informatici di alto livello, progettare un computer per comprendere appieno il linguaggio umano è ancora un problema irrisolto. Anche se i computer potessero capirci, i linguaggi umani non sono molto adatti per descrivere algoritmi complessi perché il linguaggio naturale è irto di ambiguità e imprecisioni.

Ad esempio, se dicessi: "Ho visto l'uomo nel parco con il telescopio", intendo dire che io avevo il telescopio o che era l'uomo che lo aveva? E chi c'era nel parco? Ci capiamo la maggior parte del tempo solo perché tutti gli esseri umani condividono un vasto bagaglio di conoscenze ed esperienze comuni. Gli informatici hanno aggirato questo problema progettando notazioni per esprimere calcoli in modo esatto e non ambiguo, queste notazioni speciali sono chiamate linguaggi di programmazione.

Ogni struttura in un linguaggio di programmazione ha una forma precisa (la sua sintassi) e un significato preciso (la sua semantica). Un linguaggio di programmazione è qualcosa come un codice per scrivere le istruzioni che un computer seguirà. In effetti, i programmatori spesso si riferiscono ai loro programmi come codice e il processo di scrittura di un algoritmo in un linguaggio di programmazione è chiamato codifica. Python è un esempio di linguaggio di programmazione ed è il linguaggio che useremo in questo libro.

Potresti aver sentito parlare di altri linguaggi, come C++, Java, Perl, Scheme o BASIC e, sebbene questi linguaggi differiscano in molti dettagli, condividono tutti la proprietà di avere una sintassi e una semantica ben definite e inequivocabili. Anche i linguaggi tendono ad evolversi nel tempo e tutti i linguaggi appena menzionati sono esempi di linguaggi per computer di alto livello. Sebbene siano precisi, sono progettati per essere utilizzati e compresi dagli esseri umani.

A rigor di termini, l'hardware del computer può comprendere solo un linguaggio di livello molto basso noto come linguaggio macchina. Supponiamo di voler sommare due numeri: le istruzioni che la CPU esegue effettivamente potrebbero essere qualcosa del genere: carica il numero dalla posizione di memoria 2001 nella CPU, carica il numero dalla posizione di memoria 2002 nella CPU, somma i due numeri nella CPU e memorizza il risultato nella posizione 2003.

Sembra un sacco di lavoro per sommare due numeri, non è vero? In realtà, è ancora più complicato di così perché le istruzioni e i numeri sono rappresentati in notazione binaria (come sequenze di 0 e 1). In un linguaggio di alto livello come Python, la somma di due numeri può essere espressa in modo più naturale: c = a + b.

È molto più facile da capire per noi, ma abbiamo bisogno di un modo per tradurre il linguaggio di alto livello nel linguaggio macchina che il computer può eseguire.

Ci sono due modi per farlo: un linguaggio di alto livello può essere compilato o interpretato. Un compilatore è un programma per computer complesso che prende un altro programma scritto in un linguaggio di alto livello e lo traduce in un programma equivalente nel linguaggio macchina di un computer.

Il programma di alto livello è chiamato codice sorgente e il codice macchina risultante è un programma che il computer può eseguire direttamente.

Un interprete, invece, è un programma che simula un computer che comprende una lingua di alto livello.

Piuttosto che tradurre il programma sorgente in un equivalente in linguaggio macchina, l'interprete analizza ed esegue l'istruzione del codice sorgente riga per riga, se necessario.

La differenza tra interprete e compilatore è che la compilazione è una traduzione one-shot; una volta che un programma è stato compilato, può essere eseguito più e più volte senza bisogno del compilatore o del codice sorgente.

Nell'altro caso, l'interprete e la fonte sono necessari ogni volta che il programma viene eseguito.

I programmi compilati tendono ad essere più veloci, poiché la traduzione viene eseguita una volta per tutte ma i linguaggi interpretati si prestano a un ambiente di programmazione più flessibile poiché i programmi possono essere sviluppati ed eseguiti in modo interattivo. Il processo di traduzione evidenzia un altro vantaggio che i linguaggi di alto livello hanno rispetto al linguaggio macchina: la portabilità.

Il linguaggio macchina di un computer viene creato dai progettisti della particolare CPU. Ogni tipo di computer ha il proprio linguaggio macchina e, ad esempio, un programma per un Intel Core Duo non viene eseguito direttamente su una CPU diversa.

D'altra parte, un programma scritto in un linguaggio di alto livello può essere eseguito su molti diversi tipi di computer purché ci sia un compilatore o un interprete adatto (che è solo un altro programma).

Di conseguenza, posso eseguire lo stesso identico programma Python sul mio laptop e sul mio PC desktop; anche se hanno CPU

differenti, entrambi hanno un interprete
Python.

# Capitolo 3: Il bello di Python

Ora che hai tutti i dettagli tecnici, è ora di iniziare a divertirti con Python. L'obiettivo finale è fare in modo che il computer esegua i nostri ordini. A tal fine, scriveremo programmi che controllano i processi computazionali all'interno della macchina. Hai già visto che non c'è magia in questo processo, ma in qualche modo la programmazione sembra magia. I processi computazionali all'interno del computer sono come spiriti magici che possiamo sfruttare per il nostro lavoro. Ciò di cui abbiamo bisogno è un genio amichevole che possa dirigere gli spiriti per soddisfare i nostri desideri.

Il nostro Genie è un interprete Python e possiamo dare istruzioni all'interprete Python, che dirige gli spiriti sottostanti nel soddisfare le nostre richieste. Il modo migliore per iniziare a conoscere Python è lasciare che il nostro genio esca dalla bottiglia ed esaudisca alcuni desideri. Puoi avviare l'interprete Python in modalità interattiva e digitare alcuni comandi per vedere cosa succede. Quando avvii per la prima volta il programma interprete, potresti vedere qualcosa di simile al seguente:

Python 3.0 (r30: 67503, 19 gennaio 2009, 09:57:10)

[GCC 4.1.3 20070929 (prerelease) (Ubuntu 4.1.2-16ubuntu2)] su linux2

Type "help", "copyright", "credits" o "license" for more information.

>>> è un prompt di Python che indica che il nostro interprete Python sta aspettando un comando. Nei linguaggi di programmazione, un comando completo è chiamato istruzione e

un ambiente interattivo per interagire con un interprete è chiamato shell dei comandi o semplicemente shell. Ecco un esempio di interazione con una shell Python:

```
>>> print ("Benvenuto!")
Benvenuto!
>>> print (2 + 3)
5
>>> print ("2 + 3 =", 2 + 3)
2 + 3 = 5
```

Qui ho provato tre esempi usando l'istruzione print di Python. La prima istruzione chiede a Python di visualizzare la parola "Benvenuto!". Python risponde nella riga successiva stampando la parola data in input. La seconda istruzione print chiede a Python di stampare la somma di 2 e 3 e la terza print combina queste due idee. Python stampa la parte tra virgolette 2 + 3 = seguita dal risultato dell'aggiunta di 2 + 3, che è 5. Questo tipo di interazione della shell è un ottimo modo per provare cose nuove in Python. Frammenti di sessioni interattive sono disseminati in questo libro.

Quando vedi il prompt di Python >>> in un esempio, dovrebbe farti capire che viene illustrata una sessione interattiva. È una buona idea avviare la tua shell Python e provare gli esempi. Di solito vogliamo andare oltre i frammenti di una riga ed eseguire un'intera sequenza di affermazioni. Python ci consente di mettere insieme una sequenza di istruzioni per creare un comando o una funzione completamente nuovi. Ecco un esempio di creazione di una nuova funzione chiamata benvenuto:

>>> def benvenuto ():

```
print ("Benvenuto")

print ("Python ti piacerà!")
```

>>>

La prima riga dice a Python che stiamo definendo una nuova funzione e la chiamiamo benvenuto. Le righe seguenti sono rientrate per mostrare che fanno parte della funzione. (Nota: alcune shell stamperanno dei puntini di sospensione ["..."] all'inizio delle linee rientrate). La riga vuota alla fine (ottenuta premendo due volte il tasto <Invio>) fa sapere a Python che la definizione è terminata e la shell risponde con un altro prompt. Si noti che la digitazione della definizione non ha fatto sì che Python stampasse ancora nulla.

Abbiamo detto a Python cosa dovrebbe accadere quando la funzione benvenuto viene usata come comando; in realtà non abbiamo ancora chiesto a Python di eseguirla. Una funzione viene invocata (o chiamata) digitando il suo nome seguito da parentesi. Ecco cosa succede quando usiamo il nostro comando benvenuto:

>>> benvenuto ()

Benvenuto

Python ti piacerà!

>>>

Vedi cosa fa? Le due istruzioni print dalla definizione della funzione vengono eseguite in sequenza. Forse ti starai chiedendo delle parentesi nella definizione e nell'uso di benvenuto. I comandi possono avere parti modificabili chiamate parametri (o anche argomenti) che vengono inserite tra parentesi.

Diamo un'occhiata a un esempio di saluto personalizzato utilizzando un parametro. Prima la definizione:

```
>>> def saluta (persona):

    print ("Ciao", persona)

    print ("Come stai?")
```

Ora possiamo usare il nostro saluto personalizzato:

```
>>> saluta ("Marco")

Ciao Marco

Come stai?

>>> saluta ("Ettore")

Ciao Ettore

Come stai?

>>>
```

Riesci a vedere cosa sta succedendo qui? Quando si utilizza questa funzione, è possibile inviare nomi diversi per personalizzare il risultato.

Potresti anche notare che questo è simile alle dichiarazioni di stampa di prima. In Python, print è un esempio di una funzione incorporata e quando la invochiamo, i parametri tra parentesi dicono alla funzione cosa stampare.

Per il momento la cosa importante da ricordare è che le parentesi devono essere incluse dopo il nome della funzione ogni volta che vogliamo eseguire una funzione. Questo è vero anche quando non vengono forniti parametri. Ad esempio, è possibile creare una riga di output vuota utilizzando la stampa senza alcun parametro.

```
>>> print ()

>>>
```

Se digiti solo il nome della funzione, omettendo le parentesi, la funzione non verrà effettivamente eseguita. Invece, una sessione interattiva di Python mostrerà un output che indica a quale funzione si riferisce quel nome, come mostra questa interazione:

>>> saluta <function saluta at 0x8393aec>

>>> print <built-in function print>

Il testo 0x8393aec è la posizione (indirizzo) nella memoria del computer in cui viene memorizzata la definizione della funzione saluta. Se lo stai provando sul tuo computer, quasi sicuramente vedrai un indirizzo diverso. Un problema con l'immissione di funzioni in modo interattivo in una shell Python come abbiamo fatto con gli esempi è che le definizioni vengono perse quando si esce dalla shell. Se vogliamo usarle di nuovo la prossima volta, dobbiamo digitarle di nuovo.

I programmi vengono generalmente creati digitando le definizioni in un file separato chiamato modulo o script. Questo file viene salvato su un disco in modo che possa essere utilizzato più e più volte. Un file di modulo è solo un file di testo e puoi crearne uno utilizzando qualsiasi programma per modificare il testo, come blocco note o un programma di elaborazione testi (a condizione di salvare il programma come file di "testo normale").

Un tipo speciale di programma noto come ambiente di programmazione semplifica il processo. Un ambiente di programmazione è progettato specificatamente per aiutare i programmatori a scrivere programmi e include funzioni come il rientro automatico, l'evidenziazione delle parentesi e lo sviluppo interattivo. La distribuzione standard di Python include un ambiente di programmazione chiamato IDLE che puoi usare per lavorare sui programmi in questo libro.

Illustriamo l'uso di un file modulo scrivendo ed eseguendo un programma completo. Il nostro programma illustrerà un concetto matematico noto come caos. Ecco il programma così come lo digiteremmo in IDLE o in qualsiasi altro editor e salveremo in un file di modulo:

```
# File: caos.py

# Un semplice programma che illustra il caos.

def main ():

  print ("Questo programma illustra una funzione caos")

  x = eval (input ("Inserisci un numero compreso tra 0 e 1:"))

  for i in range(10):
```

```
    x = 3,9 * x * (1 - x)

    print (x)

main()
```

Questo file dovrebbe essere salvato con il nome caos.py dove l'estensione .py indica che questo è un modulo Python. Puoi vedere che questo particolare esempio contiene righe per definire una nuova funzione chiamata main. (I programmi sono spesso inseriti in una funzione chiamata main). L'ultima riga del file è il comando per richiamare questa funzione. Non preoccuparti se non capisci cosa fa effettivamente main; ne parleremo a breve.

Il punto qui è che una volta che abbiamo un programma in un file di modulo, possiamo eseguirlo ogni volta che vogliamo. Questo programma può essere eseguito in diversi modi che dipendono dal sistema operativo effettivo e dall'ambiente di programmazione in uso. Se stai utilizzando un sistema a finestre, puoi eseguire un programma Python facendo clic (o doppio clic) sull'icona del file del modulo. Da riga di comando, potresti digitare un comando come python caos.py.

Se stai usando IDLE (o un altro ambiente di programmazione) puoi eseguire un programma aprendolo nell'editor e quindi selezionando un comando come import, run o execute. Un metodo che dovrebbe sempre funzionare è avviare una shell Python e quindi importare il file. Ecco come appare:

```
>>> import caos
```

Questo programma illustra una funzione caos

Inserisci un numero compreso tra 0 e 1: .25

0,73125

0,76644140625

0,698135010439

0,82189581879

0,570894019197

0,955398748364

0,166186721954

0,540417912062

0,9686289303

0,1185090176

0,9686289303

0,1185090176

>>>

Scrivendo import nella prima riga si carica il modulo caos dal file caos.py nella memoria principale.

Nota bene che non ho incluso l'estensione .py nella riga di import; Python presume che il modulo avrà un'estensione .py. Dopo aver importato il file del modulo, Python esegue ogni riga. Questo equivale a digitare quei comandi uno per uno nel prompt interattivo di Python. Il def nel modulo fa sì che Python crei la funzione principale.

Quando Python incontra l'ultima riga del modulo, viene richiamata la funzione main, eseguendo così il nostro programma. Il programma in esecuzione chiede all'utente di inserire un numero compreso tra 0 e 1 (in questo caso ho digitato ".25") e poi stampa una serie di 10 numeri. Quando importi per la prima volta un file di modulo in questo modo, Python crea un file associato con un'estensione .pyc. In questo esempio, Python crea un altro file sul disco chiamato caos.pyc.

Questo è un file intermedio utilizzato dall'interprete Python. Tecnicamente, Python utilizza un processo ibrido di compilazione / interpretazione e il sorgente Python nel file del modulo viene compilato in istruzioni più primitive chiamate bytecode. Questo file di bytecode (il .pyc) viene quindi interpretato pertanto avere un file .pyc disponibile rende l'importazione di un modulo più veloce la seconda volta.

Tuttavia, è possibile eliminare i file del bytecode se si desidera risparmiare spazio su disco; Python li ricrea automaticamente quando necessario. Un modulo deve essere importato in una sessione solo una volta e, dopo che il modulo è stato caricato, possiamo eseguire nuovamente il programma chiedendo a Python di eseguire il comando principale.

Lo facciamo usando la cosiddetta "dot notation": digitando caos.main() si indica a Python di invocare la funzione principale nel modulo caos. Continuando con il nostro esempio, ecco come appare quando eseguiamo nuovamente il programma con .26 come input:

```
>>> caos.main()
```

Questo programma illustra una funzione caos

Immettere un numero compreso tra 0 e 1: .26

0.75036

0.73054749456

0.767706625733

0.6954993339

0.825942040734

0.560670965721

```
0.960644232282

0.147446875935

0.490254549376

0.974629602149

>>>
```

## Capitolo 4: Un programma Python

L'output del programma caos potrebbe non sembrare molto interessante ma illustra un fenomeno molto interessante noto a fisici e matematici. Diamo un'occhiata a questo programma riga per riga e vediamo cosa fa. Non preoccuparti di comprendere subito ogni dettaglio; ritorneremo su tutte queste idee in seguito. Le prime due righe del programma iniziano con il carattere #:

# File: caos.py

# Questo programma illustra una funzione caos

Queste righe sono chiamate commenti e sono destinati a chi leggerà il programma e vengono ignorati da Python. L'interprete Python salta sempre qualsiasi testo preceduto dal segno del cancelletto (#) fino alla fine della riga. La riga successiva del programma inizia la definizione di una funzione chiamata main:

def main():

A rigor di termini, non sarebbe necessario creare una funzione main. Poiché le righe di un modulo vengono eseguite mentre vengono caricate, avremmo potuto scrivere il nostro programma senza questa definizione, ovvero, il modulo avrebbe potuto assomigliare a questo:

# File: caos.py

# Questo programma illustra una funzione caos

print("Questo programma illustra una funzione caos")

x = eval(input("Immettere un numero compreso tra 0 e 1: "))

```python
for i in range(10):

    x = 3.9 * x * (1 - x)

    print(x)
```

Questa versione è un po' più breve ma è consuetudine inserire le istruzioni che compongono un programma all'interno di una funzione chiamata main. Un vantaggio immediato di questo approccio è stato illustrato sopra; ci permette di eseguire il programma semplicemente invocando caos.main().

Non è necessario riavviare la shell Python per eseguirla di nuovo, cosa che sarebbe necessaria nel caso senza main. La prima riga all'interno di main è davvero l'inizio del nostro programma.

```python
print("Questo programma illustra una funzione caos")
```

Questa riga fa in modo che Python stampi un messaggio che introduce il programma quando viene eseguito. Dai un'occhiata alla prossima riga del programma:

```
x = eval(input("Immettere un numero compreso tra 0 e 1: "))
```

Qui x è un esempio di una variabile. Una variabile viene utilizzata per dare un nome a un valore in modo che possiamo fare riferimento ad esso in altri punti del programma. L'intera riga è un'istruzione per ottenere un input dall'utente e, in realtà, ci sono un po' di nozioni in questa riga ma per ora, devi solo sapere cosa realizza.

Quando Python arriva a questa istruzione, visualizza il messaggio tra virgolette e quindi si ferma, aspettando che l'utente digiti qualcosa sulla tastiera e prema il tasto <Invio>. Il valore digitato dall'utente viene quindi memorizzato come variabile x. Nel primo esempio mostrato sopra, l'utente ha immesso .25, che diventa il valore di x. La frase successiva è un esempio di un ciclo o iterazione.

```
for i in range(10):
```

Un ciclo è un costrutto che dice a Python di fare la stessa cosa più e più volte e questo particolare ciclo dice di fare qualcosa 10 volte.

Le linee rientrate sotto l'intestazione del ciclo sono le istruzioni che vengono eseguite 10 volte e formano il corpo del ciclo.

```
x = 3.9 * x * (1 - x)

print(x)
```

L'effetto del ciclo è equivalente a scrivere il corpo del ciclo 10 volte:

```python
x = 3.9 * x * (1 - x)

print(x)

x = 3.9 * x * (1 - x)

print(x)

x = 3.9 * x * (1 - x)

print(x)

x = 3.9 * x * (1 - x)

print(x)

x = 3.9 * x * (1 - x)

print(x)

x = 3.9 * x * (1 - x)

print(x)

x = 3.9 * x * (1 - x)

print(x)
```

```
x = 3.9 * x * (1 - x)

print(x)

x = 3.9 * x * (1 - x)

print(x)

x = 3.9 * x * (1 - x)

print(x)
```

Ovviamente, usare il ciclo risparmia al programmatore molti problemi. Ma cosa fanno esattamente queste affermazioni? Il primo esegue un calcolo.

```
x = 3.9 * x * (1 - x)
```

Questa è chiamata dichiarazione di assegnazione. La parte a destra di = è un'espressione matematica e Python usa il carattere * per indicare la moltiplicazione. Ricorda che il valore di x è 0,25 (dall'input sopra). Il valore calcolato è 3,9 * (0,25) * (1 -

0,25) ovvero 0,73125. Una volta calcolato il valore a destra, viene salvato come (o assegnato a) la variabile che appare a sinistra di =, in questo caso x.

Il nuovo valore di x (0,73125) sostituisce il vecchio valore (0,25). La seconda riga nel corpo del ciclo è un tipo di istruzione che abbiamo incontrato prima, un'istruzione print.

```
print(x)
```

Quando Python esegue questa istruzione, il valore corrente di x viene visualizzato sullo schermo. Quindi, il primo numero di output è 0,73125. Ricorda che il ciclo viene eseguito 10 volte e dopo aver stampato il valore di x, le due istruzioni del ciclo vengono eseguite nuovamente.

```
x = 3.9 * x * (1 - x)

print x
```

Ovviamente, ora x ha il valore 0,73125, quindi la formula calcola un nuovo valore di x come 3,9 * (0,73125) * (1- 0,73125) che è pari a 0,76644140625. Riesci a vedere come viene utilizzato il valore corrente di x per calcolare un nuovo valore ogni volta nel ciclo?

Ecco da dove provengono i numeri nell'esempio eseguito. Potresti provare a eseguire tu stesso i passaggi del programma per un valore di input diverso (ad esempio 0,5). Quindi esegui il programma usando Python e controlla se i risultati corrispondono.

Ho detto sopra che il programma caos illustra un fenomeno interessante e cosa potrebbe essere interessante in uno schermo pieno di numeri? Se provi tu stesso il programma, scoprirai che, indipendentemente dal numero con cui inizi, i risultati sono sempre simili: il programma restituisce 10 numeri apparentemente casuali compresi tra 0 e 1.

Mentre il programma viene eseguito, il valore di x sembra saltare qua e là in modo confuso. La funzione calcolata da questo programma ha la forma generale: k(x)(1 - x), dove k in questo caso è 3,9. Questa è chiamata funzione logistica e modella alcuni tipi di circuiti elettronici instabili e talvolta viene anche utilizzata per prevedere la popolazione in condizioni limitanti. L'applicazione ripetuta della funzione logistica può produrre caos.

Sebbene il nostro programma abbia un comportamento sottostante ben definito, l'output sembra imprevedibile. Una proprietà interessante delle funzioni caotiche è che differenze molto piccole nel valore iniziale possono portare a grandi differenze nel risultato quando la formula viene applicata ripetutamente. Puoi vederlo nel programma caos inserendo numeri che differiscono solo di una piccola quantità. Con valori iniziali molto simili, gli output rimangono simili per alcune iterazioni, ma poi differiscono notevolmente.

Verso la quinta iterazione, sembra non esserci più alcuna relazione tra i due modelli. Queste due caratteristiche del nostro programma caos, l'apparente imprevedibilità e l'estrema sensibilità ai valori iniziali, sono le caratteristiche del comportamento caotico. Il caos ha importanti implicazioni per l'informatica. Si scopre che molti fenomeni nel mondo reale che potremmo voler modellare e prevedere con i nostri computer mostrano proprio questo tipo di comportamento caotico.

Potresti aver sentito parlare del cosiddetto "effetto farfalla". I modelli informatici utilizzati per simulare e prevedere i modelli meteorologici sono così sensibili che l'effetto di una singola farfalla che sbatte le ali a New York potrebbe fare la differenza se a Roma è prevista o meno la pioggia. È molto probabile che, anche con una perfetta modellazione al computer, non saremo mai in grado di misurare le condizioni meteorologiche esistenti in modo sufficientemente accurato da prevedere il meteo con più di qualche giorno d'anticipo.

Le misurazioni semplicemente non possono essere abbastanza precise da rendere le previsioni accurate su un arco di tempo più lungo. Come puoi vedere, questo piccolo programma ha una lezione preziosa da insegnare agli utenti dei computer. Per quanto sorprendenti siano i computer, i risultati che ci danno sono utili solo quanto i modelli matematici su cui si basano i programmi. I computer possono fornire risultati errati a causa di errori nei programmi ma anche dei programmi corretti possono produrre risultati errati se i modelli sono sbagliati o gli input iniziali non sono sufficientemente accurati.

# Capitolo 5: Sviluppo del software

Come hai visto nei capitoli precedenti, è facile eseguire programmi che sono già stati scritti. La parte più difficile è in realtà inventare un programma in primo luogo. I computer sono molto precisi e bisogna indicare loro cosa fare fin nei minimi dettagli. Scrivere programmi di grandi dimensioni è una sfida scoraggiante e sarebbe quasi impossibile senza un approccio sistematico. Il processo di creazione di un programma è spesso suddiviso in fasi in base alle informazioni prodotte in ciascuna fase. In poche parole, ecco cosa dovresti fare:

- Analizza il problema ovvero scopri esattamente qual è il problema da risolvere. Cerca di capirlo ed analizzarlo il più possibile perché fino a quando non sai veramente qual è il problema, non puoi iniziare a risolverlo.

- Determina le specifiche ovvero descrivi esattamente cosa farà il tuo programma. In questa fase, non dovresti preoccuparti di come funzionerà il tuo programma, ma piuttosto decidere esattamente cosa realizzerà. Per i programmi semplici, ciò implica la descrizione accurata di quali saranno gli input e gli output del programma e come si relazioneranno tra loro.

- Crea un progetto: formula la struttura generale del programma. È qui che viene elaborato il come del programma e il compito principale è progettare gli algoritmi che soddisfano le specifiche.

- Implementa il progetto cioè traduci il progetto in un linguaggio per computer e inseriscilo nel computer. In questo libro, implementeremo i nostri algoritmi come programmi Python.

- Testa / esegui il debug del programma ovvero prova il programma con diverse condizioni per vedere se funziona come previsto. Se ci sono errori (spesso chiamati bug), dovresti tornare indietro e risolverli. Il processo di individuazione e correzione degli errori è chiamato debug di un programma. Durante la fase di debug, il tuo obiettivo è trovare gli errori, quindi dovresti provare tutto ciò che potrebbe "rompere" il programma. È bene tenere a mente la vecchia massima: "Niente è infallibile perché gli sciocchi sono troppo ingegnosi".

- Manutenere il programma cioè continuare a sviluppare il programma in risposta alle esigenze dei propri utenti. La maggior parte dei programmi non sono mai veramente finiti ma continuano ad evolversi negli anni di utilizzo.

Esaminiamo le fasi del processo di sviluppo del software con un semplice esempio del mondo reale che coinvolge una studentessa di informatica immaginaria, Susanna. Susanna sta trascorrendo un anno in Germania per motivi di studio, non ha problemi con il linguaggio poiché parla correntemente molte lingue (incluso Python). Il suo problema è che ha difficoltà a capire la temperatura al mattino in modo da sapere come vestirsi per la giornata.

Susanna ascolta il bollettino meteorologico ogni mattina ma le temperature sono espresse in gradi Celsius, lei è abituata ai Fahrenheit. Fortunatamente, Susanna ha un'idea per risolvere il problema ed avendo una laurea in informatica, non va mai da nessuna parte senza il suo computer portatile. Pensa che potrebbe essere possibile realizzare un programma per computer che possa aiutarla.

Susanna inizia con un'analisi del suo problema anche se, in questo caso, il problema è abbastanza chiaro: l'annunciatore radiofonico fornisce le temperature in gradi Celsius, ma Susanna comprende solo le temperature che sono in gradi Fahrenheit. Susanna considera le specifiche di un programma che potrebbe aiutarla. Quale dovrebbe essere l'input?

Decide che il suo programma le permetterà di digitare la temperatura in gradi Celsius. E l'output? Il programma visualizzerà la temperatura convertita in gradi Fahrenheit. Ora deve specificare l'esatta relazione tra l'output e l'input. Susanna fa un rapido calcolo e ricorda che 0 gradi Celsius equivalgono a 32 gradi Fahrenheit e 100 gradi Celsius equivalgono a 212 Fahrenheit. Con queste informazioni, calcola il rapporto tra Fahrenheit e gradi Celsius come (212−32) / (100-0) = 180/100 = 9/5.

Usando F per rappresentare la temperatura Fahrenheit e C per Celsius, la formula di conversione avrà la forma F = 9/5C + k per qualche costante k. Inserendo 0 e 32 rispettivamente per C e F, Susanna vede immediatamente che k = 32. Quindi, la formula finale per la relazione è F = 9/5C + 32. Si noti che questo descrive uno dei tanti possibili programmi che potrebbero risolvere questo problema.

Se Susanna avesse esperienza nel campo dell'intelligenza artificiale (AI), potrebbe prendere in considerazione la possibilità di scrivere un programma che ascolti l'annunciatore radiofonico per ottenere la temperatura corrente utilizzando algoritmi di riconoscimento vocale. Per l'output, potrebbe far controllare al computer un robot che va nel suo armadio e sceglie un vestito appropriato in base alla temperatura convertita. Questo sarebbe un progetto molto più ambizioso, per non dire altro!

Lo scopo della specifica è decidere esattamente cosa farà questo particolare programma per risolvere un problema. Susanna è ora pronta per progettare un algoritmo per il suo problema e si rende immediatamente conto che si tratta di un semplice algoritmo che segue uno schema standard: Input, Process, Output (IPO). Il suo programma richiederà all'utente alcune informazioni di input (la temperatura Celsius), le elaborerà per convertirle in una temperatura Fahrenheit e quindi produrrà il risultato visualizzandolo sullo schermo del computer. Susanna potrebbe scrivere il suo algoritmo in un linguaggio informatico come Python, ecco il suo risultato:

```python
# convertiTemp.py

# Un programma per convertire le temperature Celsius in Fahrenheit

# fatto da: Susanna

def main():

    celsius = eval(input("Qual è la temperatura Celsius? "))

    fahrenheit = 9/5 * celsius + 32

    print("La temperatura è di ", fahrenheit, " gradi Fahrenheit.")


main()
```

Vedi se riesci a capire cosa fa ogni riga di questo programma. Non preoccuparti se alcune parti creano un po' di confusione. Dopo aver completato il suo programma, Susanna lo prova per vedere come funziona. Usa input per i quali conosce le risposte corrette ed ecco l'output di due dei suoi test:

Qual è la temperatura Celsius? 0

La temperatura è di 32.0 gradi Fahrenheit.


Qual è la temperatura Celsius? 100

La temperatura è di 212.0 gradi Fahrenheit.

Puoi vedere che Susanna ha utilizzato i valori di 0 e 100 per testare il suo programma. Sembra abbastanza soddisfacente e lei è soddisfatta della sua soluzione.

È particolarmente lieta che non sia necessario eseguire il debugging (cosa molto insolita).

# Capitolo 6: Elementi di un programma

Ora che sai qualcosa in più sulla fase di programmazione, sei quasi pronto per iniziare a scrivere programmi da solo. Prima di farlo, però, hai bisogno di una base più completa dei fondamenti di Python. Questo materiale può sembrare un po' noioso ma dovrai padroneggiare queste basi prima di immergerti in acque più profonde. Hai già visto che i nomi sono una parte importante della programmazione. Diamo nomi ai moduli (ad esempio, convertiTemp) e alle funzioni all'interno dei moduli (ad esempio, main). Le variabili vengono utilizzate per dare nomi ai valori (ad esempio, Celsius e Fahrenheit) e tecnicamente tutti questi nomi sono chiamati identificatori.

Python ha alcune regole su come vengono formati gli identificatori. Ogni identificatore deve iniziare con una lettera o un trattino basso (il carattere "_") che può essere seguito da qualsiasi sequenza di lettere, cifre o trattini bassi. Ciò implica che un singolo identificatore non può contenere spazi e secondo queste regole, tutti i seguenti sono nomi validi in Python: x, celsius, test, Test2, TestDiProva, Test_Di_prova. Gli identificatori fanno distinzione tra maiuscole e minuscole, quindi test, Test, tEst e TEST sono tutti nomi diversi in Python.

Per la maggior parte, i programmatori sono liberi di scegliere qualsiasi nome conforme a queste regole ma i bravi programmatori cercano sempre di scegliere nomi adatti a cosa stanno descrivendo. Un'altra cosa importante di cui essere consapevoli è che alcuni identificatori fanno parte di Python stesso. Queste parole sono dette parole riservate o parole chiave e non possono essere utilizzate come identificatori ordinari.

I programmi manipolano i dati. Finora, abbiamo visto due diversi tipi di dati nei nostri programmi di esempio: numeri e testo. Per ora, è sufficiente tenere presente che tutti i dati devono essere archiviati sul computer in un formato digitale e diversi tipi di dati vengono archiviati in modi diversi. I frammenti di codice del programma che producono o calcolano nuovi valori di dati sono chiamati espressioni. Il tipo di espressione più semplice è letterale ed un valore letterale viene utilizzato per indicare un valore specifico.

In caos.py puoi trovare i numeri 3.9 e 1 mentre il programma convertiTemp.py contiene 9, 5 e 32. Questi sono tutti esempi di letterali numerici e il loro significato è ovvio: 32 rappresenta il numero 32. I nostri programmi hanno anche manipolato i dati testuali in modo semplice.

Gli informatici si riferiscono ai dati testuali come stringhe e puoi pensare a una stringa come una sequenza di caratteri stampabili. Una stringa letterale è indicata in Python racchiudendo i caratteri tra virgolette ("").

Se torni indietro e guardi i nostri programmi di esempio, troverai un numero di stringhe letterali come: "Benvenuto" e "Inserisci un numero compreso tra 0 e 1:". Nota bene che le virgolette stesse non fanno parte della stringa ma sono solo il meccanismo per dire a Python di creare una stringa. Il processo di trasformazione di un'espressione in un tipo di dati sottostante è chiamato valutazione.

Quando digiti un'espressione in una shell Python, la shell valuta l'espressione e stampa

una rappresentazione testuale del risultato.
Considera questa piccola interazione:

```
>>> 32

32

>>> "Ciao"

'Ciao'

>>> "32"

'32'
```

Nota che quando la shell mostra il valore di una stringa, mette la sequenza di caratteri tra virgolette singole. Questo è un modo per farci sapere che il valore è in realtà testo, non un numero (o un altro tipo di dati). Nell'ultima interazione, vediamo che l'espressione "32" produce una stringa, non un numero. In questo caso, Python sta effettivamente memorizzando i caratteri "3" e "2", non una rappresentazione del numero 32.

Un semplice identificatore può anche essere un'espressione, infatti, usiamo identificatori come variabili per dare nomi ai valori. Quando un identificatore appare come un'espressione, il suo valore viene recuperato per fornire un risultato per l'espressione. Ecco un'interazione con l'interprete Python che illustra l'uso delle variabili come espressioni:

```
>>> x = 5

>>> x

5

>>> print (x)

5

>>> print (test)

Traceback (most recent call last):
```

File "<stdin>", line 1, in <module>

NameError: name 'test' is not

Per prima cosa alla variabile x viene assegnato il valore 5 (utilizzando il letterale numerico 5). Nella seconda riga di interazione, chiediamo a Python di valutare l'espressione x e, in risposta, la shell Python stampa 5 che è il valore che è stato appena assegnato a x.

Ovviamente, otteniamo lo stesso risultato quando chiediamo esplicitamente a Python di stampare x usando un'istruzione print. L'ultima interazione mostra cosa succede quando proviamo a utilizzare una variabile a cui non è stato assegnato un valore: Python non riesce a trovare un valore quindi segnala un NameError. Questo dice che non esiste alcun valore con quel nome.

La lezione importante qui è che a una variabile deve sempre essere assegnato un valore prima di poter essere utilizzata in un'espressione.

Espressioni più complesse e interessanti possono essere costruite combinando espressioni più semplici con operatori. Per i numeri, Python fornisce il normale insieme di operazioni matematiche: addizione, sottrazione, moltiplicazione, divisione e potenza. Gli operatori Python corrispondenti sono: +, -, *, / e **. Di seguito sono riportati alcuni esempi di espressioni complesse da caos.py e convertiTemp.py:

3.9 * x * (1 - x)

9/5 * celsius + 32

Gli spazi sono irrilevanti all'interno di un'espressione, infatti, l'ultima espressione avrebbe potuto essere scritta 9/5*celsius+32 e il risultato sarebbe stato esattamente lo stesso ma di solito è una buona idea inserire alcuni spazi nelle espressioni per facilitarne la lettura. Gli operatori matematici di Python obbediscono alle stesse regole di precedenza e associatività che hai imparato nelle tue lezioni di matematica, incluso l'uso delle parentesi per modificare l'ordine di valutazione. Dovresti avere pochi problemi a costruire espressioni complesse nei tuoi programmi ma tieni presente che solo le parentesi tonde sono consentite nelle espressioni numeriche, tuttavia, puoi innestarle se necessario per creare espressioni come questa:

((x1 - x2) / 2 * n) + (test / k ** 3)

A proposito, Python fornisce anche operatori per le stringhe. Ad esempio, puoi "aggiungere" stringhe.

```
>>> "Bat" + "man"
```

'Batman'

Questa si chiama concatenazione e come puoi vedere, l'effetto è quello di creare una nuova stringa che è il risultato dell'unione delle due stringhe.

# Capitolo 7: Assegnare un valore

La dichiarazione di assegnazione di base ha questa forma:

<variabile> = <espressione>

Qui variabile è un identificatore e la semantica dell'assegnazione è che l'espressione sul lato destro viene valutata per produrre un valore, che viene quindi associato alla variabile denominata sul lato sinistro. Ecco alcuni esempi che abbiamo già visto:

$x = 3.9 * x * (1 - x)$

$fahrenheit = 9 / 5 * celsius + 32$

$x = 5$

Una variabile può essere assegnata più volte. Conserva sempre il valore dell'assegnazione più recente, ecco una sessione interattiva di Python che lo dimostra:

```
>>> var = 0
>>> var
0
>>> var = 7
>>> var
7
>>> var = var + 1
>>> var
8
```

L'ultima istruzione di assegnazione mostra come il valore corrente di una variabile può essere utilizzato per aggiornarne il valore. In questo caso ne ho semplicemente aggiunto uno al valore precedente. Il programma caos.py, creato in precedenza, ha fatto qualcosa di simile anche se un po' più complesso. Ricorda, i valori delle variabili possono cambiare; ecco perché vengono chiamate variabili.

A volte è utile pensare a una variabile come a una sorta di posizione di archiviazione con nome nella memoria del computer, una casella in cui possiamo inserire un valore. Quando la variabile cambia, il vecchio valore viene cancellato e ne viene scritto uno nuovo.

Le dichiarazioni di assegnazione di Python sono in realtà leggermente diverse dal concetto di "variabile come scatola". In Python, i valori possono finire ovunque nella memoria e le variabili vengono utilizzate per fare riferimento ad essi. Assegnare una variabile è come mettere uno di quei post-it gialli sul valore e dire "questa è x". Nota bene che il vecchio valore non viene cancellato da quello nuovo; la variabile passa semplicemente a fare riferimento al nuovo valore. L'effetto è come spostare il post-it da un oggetto all'altro.

A proposito, anche se l'istruzione di assegnazione non causa direttamente la cancellazione e la sovrascrittura del vecchio valore di una variabile, non devi preoccuparti che la memoria del computer venga riempita con i valori "inutilizzati".

Quando un valore non è più indicato da nessuna variabile, non è più utile e Python cancellerà automaticamente questi valori dalla memoria in modo che lo spazio possa essere utilizzato per nuovi valori. È come entrare nel tuo armadio e buttare via tutto ciò che non ha un post-it per etichettarlo. In effetti, questo processo di gestione automatica della memoria è chiamato garbage collection.

Esiste una forma alternativa dell'istruzione di assegnazione che ci consente di calcolare più valori contemporaneamente. Assomiglia a questo:

<var>, <var>, ..., <var> = <espressione>, <espressione>, ..., <espressione>

Questa è chiamata assegnazione simultanea e semanticamente, indica a Python di valutare tutte le espressioni sul lato destro e quindi assegnare questi valori alle variabili corrispondenti nominate sul lato sinistro. Ecco un esempio:

somma, differenza = x+y, x-y

Questa forma di assegnazione sembra inizialmente strana, ma può rivelarsi notevolmente utile. Ecco un esempio:

supponiamo di avere due variabili x e y, vogliamo scambiare i valori. Vuoi che il valore attualmente memorizzato in x sia in y e il valore che è attualmente in y sia memorizzato in x. All'inizio, potresti pensare che questo possa essere fatto con due semplici step:

x = y

y = x

Questo non funziona. Possiamo tracciare l'esecuzione di queste istruzioni passo dopo passo per vedere perché. Supponiamo che x e y inizino con i valori 2 e 4. Esaminiamo la logica del programma per vedere come cambiano le variabili, la sequenza seguente utilizza i commenti per descrivere cosa accade alle variabili quando vengono eseguite queste due istruzioni:

# variabili     x  y

```
# valori iniziali   2  4

x = y

# adesso            4  4

y = x

# valori finali     4  4
```

Vedi come la prima affermazione ostruisce il valore originale di x assegnandogli il valore di y? Quando assegniamo x a y nel secondo passaggio, finiamo con due copie del valore y originale. Un modo per far funzionare lo scambio è introdurre una variabile aggiuntiva che ricordi temporaneamente il valore originale di x.

```
temp = x

x = y

y = temp
```

Come puoi vedere dai valori finali di x e y, lo scambio ha avuto successo in questo caso.

Questo tipo di scambio a tre vie è comune in altri linguaggi di programmazione. In Python, l'istruzione di assegnazione simultanea offre un'alternativa molto elegante, ecco un equivalente Python:

```
x, y = y, x
```

Poiché l'assegnazione è simultanea, evita di cancellare uno dei valori originali.

# Capitolo 8: Iterazioni

Saprai già che i programmatori usano i cicli per eseguire una sequenza di istruzioni più volte in successione. Il tipo più semplice di ciclo è chiamato ciclo definito. Questo è un ciclo che verrà eseguito un numero definito di volte, cioè, nel punto del programma in cui inizia il ciclo, Python sa quante volte eseguire (o iterare) il corpo del ciclo. Ad esempio, il programma caos utilizzava un ciclo che veniva sempre eseguito esattamente dieci volte:

for i in range(10):

x = 3.9 * x * (1 - x)

print(x)

Questo particolare pattern di ciclo è chiamato ciclo contatore ed è costruito usando un'istruzione for di Python. Prima di considerare questo esempio in dettaglio, diamo un'occhiata a cosa sono i cicli for.

Il corpo del ciclo può essere qualsiasi sequenza di istruzioni Python, l'ampiezza del corpo del ciclo è indicata dal suo rientro sotto l'intestazione del ciclo. La variabile dopo la parola chiave for è chiamata indice del ciclo e assume ogni valore successivo nella sequenza e le istruzioni nel corpo vengono eseguite una volta per ogni valore. Spesso la sequenza è costituita da un elenco di valori. È importante sapere che puoi creare un semplice elenco inserendo una sequenza di espressioni tra parentesi quadre. Alcuni esempi interattivi aiutano a illustrare questa struttura che puoi utilizzare:

```
>>> for i in [0, 1, 2, 3]:

    print(i)
```

0

1

2

3

```
>>> for dispari in [1, 3, 5, 7, 9]:

        print(dispari*dispari)
```

1

9

25

49

81

Riesci a vedere cosa sta succedendo in questi due esempi? Il corpo del ciclo viene eseguito utilizzando ogni valore successivo nell'elenco.

La lunghezza dell'elenco determina il numero di volte in cui viene eseguito il ciclo. Nel primo esempio, l'elenco contiene i quattro valori da 0 a 3 e questi valori successivi di i vengono semplicemente stampati.

Nel secondo esempio, dispari assume i valori dei primi cinque numeri naturali dispari e il corpo del ciclo stampa i quadrati di questi numeri.

Ora, torniamo all'esempio che ha iniziato questa sezione (da caos.py). Guarda di nuovo l'intestazione del ciclo:

for i in range (10):

Confrontando questo con il modello per il ciclo for mostra che l'ultima porzione, range(10), deve essere una sorta di sequenza. Si scopre che l'intervallo è una funzione Python incorporata per generare una sequenza di numeri "al volo". Puoi pensare a un intervallo come a una sorta di descrizione implicita di una sequenza di numeri. Per capire cosa fa effettivamente l'intervallo, possiamo chiedere a Python di trasformare un intervallo in un semplice elenco usando un'altra funzione incorporata, list:

```
>>> list(range(10))

# modifica range(10) in una lista esplicita

[0, 1, 2, 3, 4, 5, 6, 7, 8, 9]
```

Vedi cosa sta succedendo qui? L'espressione range(10) produce la sequenza di numeri da 0 a 9. Il ciclo che utilizza range(10) è equivalente a quello che utilizza un elenco di quei numeri.

```
for i in [0, 1, 2, 3, 4, 5, 6, 7, 8, 9]:
```

In generale, range(<espressione>) produrrà una sequenza di numeri che inizia con 0 e arriva fino al valore di <espressione>, ma non lo include. Se ci pensi, vedrai che il valore dell'espressione determina il numero di elementi nella sequenza risultante. In caos.py non ci importava nemmeno quali valori fossero utilizzati per la variabile di indice del ciclo.

Avevamo solo bisogno di una lunghezza della sequenza di 10 per far eseguire il corpo 10 volte. Come accennato in precedenza, questo modello è chiamato loop contatore ed è un modo molto comune per utilizzare loop definiti. Quando vuoi fare qualcosa nel tuo programma un certo numero di volte, usa un ciclo for con un intervallo adatto dove il valore dell'espressione determina quante volte viene eseguito il ciclo.

Il nome della variabile indice non ha molta importanza; i programmatori spesso usano i o j come variabile di indice del ciclo per i cicli definiti. Assicurati solo di utilizzare un identificatore che non stai utilizzando per nessun altro scopo perché altrimenti potresti cancellare accidentalmente un valore che ti servirà in seguito. La cosa interessante e utile dei cicli è il modo in cui alterano il "flusso di controllo" in un programma.

Di solito pensiamo ai computer come all'esecuzione di una serie di istruzioni in sequenza rigorosa. L'introduzione di un ciclo fa sì che Python torni indietro e faccia alcune istruzioni più e più volte. Dichiarazioni come il ciclo for sono chiamate strutture di controllo perché controllano l'esecuzione di altre parti del programma. Alcuni programmatori trovano utile pensare alle strutture di controllo in termini di immagini chiamate diagrammi di flusso.

Un diagramma di flusso è un diagramma che utilizza caselle per rappresentare parti diverse di un programma e frecce tra le caselle per mostrare la sequenza di eventi quando il programma è in esecuzione.

Se hai problemi a comprendere il ciclo for, potresti trovare utile studiare il diagramma di flusso. La casella a forma di diamante nel diagramma di flusso rappresenta una decisione nel programma. Quando Python arriva all'intestazione del ciclo, controlla se ci sono elementi rimasti nella sequenza. Se la risposta è sì, alla variabile dell'indice del ciclo viene assegnato l'elemento successivo nella sequenza, quindi viene eseguito il corpo del ciclo. Una volta completato il corpo, il programma torna all'intestazione del ciclo e controlla un altro valore nella sequenza. Il ciclo si chiude quando non ci sono più elementi e il programma passa alle istruzioni che seguono il ciclo.

# Capitolo 9: Oggetti e grafici

Finora abbiamo scritto programmi che utilizzano i tipi di dati Python incorporati per numeri e stringhe. Abbiamo visto che ogni tipo di dati poteva rappresentare un certo insieme di valori e ognuno aveva un insieme di operazioni associate. Fondamentalmente, abbiamo visto i dati come entità passive che state manipolate e combinate tramite operazioni attive. Questo è un modo tradizionale per visualizzare il calcolo, per costruire sistemi complessi, tuttavia, è utile avere una visione più ricca della relazione tra dati e operazioni.

La maggior parte dei programmi per computer moderni sono costruiti utilizzando un approccio orientato agli oggetti (OO). L'orientamento degli oggetti non è facilmente definito infatti comprende una serie di principi per la progettazione e l'implementazione del software. La programmazione grafica è molto divertente e fornisce un'ottima modalità per l'apprendimento degli oggetti. Nel processo, imparerai anche i principi della grafica per computer che sono alla base di molte moderne applicazioni. La maggior parte delle applicazioni che conosci probabilmente hanno una cosiddetta interfaccia utente grafica (GUI) che fornisce elementi visivi come finestre, icone (immagini rappresentative), pulsanti e menu. La programmazione grafica interattiva può essere molto complicata tanto che interi libri di testo sono dedicati alle complessità della grafica e delle interfacce grafiche.

Le applicazioni GUI di livello industriale vengono solitamente sviluppate utilizzando un framework di programmazione grafica dedicato. Python viene fornito con il proprio modulo GUI standard chiamato Tkinter. Per quanto riguarda i framework GUI, Tkinter è uno dei più semplici da usare e Python è un ottimo linguaggio per lo sviluppo di GUI del mondo reale.

Tuttavia, a questo punto della tua carriera di programmatore, sarebbe una sfida apprendere le complessità di qualsiasi framework GUI e, così facendo, non contribuirebbe molto agli obiettivi principali di questo capitolo, che sono di introdurti agli oggetti e ai principi fondamentali di computer grafica.

L'idea di base dello sviluppo orientato agli oggetti è di vedere un sistema complesso come l'interazione di oggetti più semplici. La parola oggetti viene qui utilizzata in un senso tecnico specifico. Parte della sfida della programmazione OO è capire il vocabolario.

Puoi pensare a un oggetto OO come a una sorta di tipo di dati attivo che combina dati e operazioni.

Per dirla semplicemente, gli oggetti conoscono cose (contengono dati) e possono fare cose (hanno operazioni). Gli oggetti interagiscono tra loro inviandosi messaggi. Un messaggio è semplicemente una richiesta a un oggetto di eseguire una delle sue operazioni. Considera un semplice esempio: supponiamo di voler sviluppare un sistema di elaborazione dati per un college o un'università, perciò, avremo bisogno di tenere traccia di molte informazioni.

Per cominciare, dobbiamo tenere un registro degli studenti che frequentano la scuola. Ogni studente potrebbe essere rappresentato nel programma come un oggetto quindi un oggetto studente conterrebbe determinati dati come nome, numero ID, corsi seguiti, indirizzo del campus, indirizzo di casa ecc. Ogni oggetto studente sarebbe anche in grado di rispondere a determinate richieste, ad esempio, per inviare una newsletter, dovremmo stampare un indirizzo per ogni studente. Questa attività potrebbe essere gestita da un'operazione stampaIndirizzoCampus.

Quando ad un particolare oggetto studente viene inviato il messaggio stampaIndirizzoCampus, esso stampa il proprio indirizzo. Per stampare tutti gli indirizzi, un programma eseguirà un ciclo sulla raccolta di oggetti studente e invierà a ciascuno a turno il messaggio stampaIndirizzoCampus.

Gli oggetti possono fare riferimento ad altri oggetti, nel nostro esempio, ogni corso del college potrebbe anche essere rappresentato da un oggetto. Gli oggetti del corso saprebbero cose come chi è il docente, chi sono gli studenti nel corso, quali sono i prerequisiti, quando e dove si tengono le lezioni del corso.

Un'operazione di esempio potrebbe essere aggiungiStudente, che fa sì che uno studente venga iscritto al corso. Lo studente da iscrivere sarebbe rappresentato dall'oggetto studente appropriato. I docenti sarebbero un altro tipo di oggetto, così come le aule e persino gli orari. Potete vedere come il successivo perfezionamento di queste idee potrebbe portare a un modello piuttosto sofisticato della struttura delle informazioni del college.

In qualità di programmatore principiante, probabilmente non sei ancora pronto per affrontare un sistema informativo universitario. Per ora studieremo gli oggetti nel contesto di una semplice programmazione grafica.

Con la shell Python aperta, la prima cosa che devi fare è importare il modulo Tkinter della GUI di Python:

>>> import tkinter as tk

>>> window = tk.Tk()

Una window è un'istanza della classe Tk di Tkinter, abbiamo creato una nuova finestra e l'abbiamo assegnata alla variabile window. Quando esegui il codice sopra, una nuova finestra si aprirà sullo schermo. L'aspetto dipende dal tuo sistema operativo e ora che hai una finestra, puoi aggiungere un widget. Usa la classe tk.Label per aggiungere del testo a una finestra. Crea un widget Label con il testo "Benvenuto in Python!" e assegnalo a una variabile chiamata saluto:

```
>>> saluto = tk.Label (text = "Benvenuto in
Python!")
```

La finestra che hai creato in precedenza non cambia e hai appena creato un widget Label ma non l'hai ancora aggiunto alla finestra. Esistono diversi modi per aggiungere widget a una finestra. In questo momento, puoi utilizzare il metodo .pack() del widget Label:

```
>>> saluto.pack()
```

Quando si usa il metodo .pack() di un widget in una finestra, Tkinter ridimensiona la finestra il più piccolo possibile pur includendo completamente il widget. Ora esegui quanto segue:

```
>>> window.mainloop()
```

Non sembra accadere nulla, ma si noti che un nuovo prompt non viene visualizzato nella shell. La funzione window.mainloop() dice a Python di eseguire il ciclo di eventi Tkinter. Questo metodo ascolta gli eventi, come i click sui pulsanti o la pressione dei tasti e blocca l'esecuzione di qualsiasi codice che viene dopo di esso fino alla chiusura della finestra su cui viene chiamato.

Vai avanti e chiudi la finestra che hai creato e vedrai un nuovo prompt visualizzato nella shell.

La creazione di una finestra con Tkinter richiede solo un paio di righe di codice ma le finestre vuote non sono molto utili!

Imparerai a conoscere alcuni dei widget disponibili in Tkinter per soddisfare le esigenze della tua applicazione.

Ecco un breve riepilogo:

| | |
|---|---|
| Label | Un widget utilizzato per visualizzare il testo sullo schermo |
| Button | Un pulsante che può contenere testo e può eseguire un'azione quando viene cliccato |
| Entry | Un widget per l'immissione di testo che consente solo una singola riga di testo |
| Text | Un widget di immissione di testo che consente l'immissione di testo su più righe |
| Frame | Una regione rettangolare utilizzata per raggruppare widget correlati o fornire un riempimento tra i widget |

Puoi consultare la documentazione di Tkinter per maggiori informazioni su come usare questi widget e come integrarli con la window.

Questo capitolo ha introdotto la grafica per computer e la programmazione basata su oggetti seppur in modo light per favorire l'apprendimento. Di seguito è riportato un riepilogo di alcuni concetti importanti:

- Un oggetto è un'entità computazionale che combina dati e operazioni. Gli oggetti hanno dati cose e possono eseguire delle azioni. I dati di un oggetto vengono memorizzati in variabili di istanza e le sue operazioni sono chiamate metodi;

- Ogni oggetto è un'istanza di una classe. È la classe che determina quali metodi avrà un oggetto e un'istanza viene creata chiamando un metodo detto costruttore;

- Si accede agli attributi di un oggetto tramite la notazione a punti (dot notation). Generalmente i calcoli con gli oggetti vengono eseguiti chiamando i metodi di un oggetto. I metodi di accesso restituiscono informazioni sulle variabili di istanza di un oggetto.

# Conclusione

Spero che questo libro ti abbia dato un assaggio di cosa sia l'informatica, correlata a Python. Come hanno mostrato gli esempi nei vari capitoli, l'informatica è molto più che semplice programmazione. Il computer più importante per qualsiasi professionista informatico è ancora quello che si trova tra le orecchie e si spera che questo libro ti abbia aiutato lungo la strada per diventare un programmatore. Lungo la strada, ho cercato di stimolare la tua curiosità sulla scienza dell'informatica e se hai imparato i concetti di questo testo, puoi già scrivere programmi interessanti e utili.

Dovresti anche avere una solida base delle idee fondamentali dell'informatica e dell'ingegneria del software, tutto il resto è a portata di click. Se sei interessato a studiare questi campi in modo più approfondito, posso solo dire "provaci", forse un giorno ti considererai anche un informatico, forse diventerai il nuovo milionario grazie al tuo software, forse creerai un'applicazione di successo; sarei felicissimo se il mio libro avesse giocato anche solo una piccola parte in questo processo.

# PHP

# Capitolo 1: Come, quando e perché

All'inizio degli anni 2000 PHP era un progetto open-source poco conosciuto, era adorato da tecnici esperti ma non ancora riconosciuto come la scelta popolare per lo sviluppo web così come avviene oggi. Quando ho imparato PHP, era disponibile pochissima documentazione sul linguaggio ma, per fortuna, oggi le cose sono diverse. Inoltre, PHP è ora il re in carica degli strumenti dinamici di web design e si è espanso un po' oltre il regno del solo sviluppo web. Nonostante la popolarità di PHP e la notevole documentazione disponibile adesso, del codice di esempio e degli esempi così come un buon libro che discuta del linguaggio sono davvero molto utili.

Sebbene PHP sia In continua evoluzione, un libro come questo, che insegna il linguaggio in termini semplici ma pratici, può ancora essere la tua migliore guida per apprendere le informazioni di cui hai bisogno.

Questo libro ti insegnerà PHP, fornendo sia una solida comprensione dei fondamenti sia un'idea di dove cercare informazioni più avanzate. Sebbene non sia un riferimento completo alla programmazione, questo libro, attraverso dimostrazioni ed esempi del mondo reale, fornisce le conoscenze necessarie per iniziare a creare siti Web dinamici e applicazioni Web utilizzando PHP.

PHP originariamente stava per Personal Home Page ed è stato creato nel 1994 da Rasmus Lerdorf per monitorare i visitatori del suo curriculum online. Man mano che la sua utilità e capacità crescevano (e quando cominciava ad essere utilizzato in situazioni più professionali), PHP arrivò a significare PHP: Hypertext Preprocessor. La definizione indica che PHP gestisce i dati prima che diventino HTML, che sta per Hypertext Markup Language.

Secondo il sito web ufficiale PHP, che si trova all'indirizzo www.php.net, PHP è "un popolare linguaggio di scripting generico particolarmente adatto allo sviluppo web". Più specificamente, PHP è un linguaggio di scripting comunemente incorporato nell'HTML.

Esaminiamo cosa significa in modo più dettagliato. Dire che PHP può essere incorporato nell'HTML significa che il codice PHP può essere scritto all'interno del tuo codice HTML, essendo HTML il linguaggio con cui sono costruite tutte le pagine web. Pertanto, la programmazione con PHP inizia come solo leggermente più complicata della codifica manuale in HTML.

Inoltre, PHP è un linguaggio di scripting, al contrario di un linguaggio compilato e ciò significa che PHP è progettato per fare qualcosa solo dopo che si verifica un evento, ad esempio quando un utente invia un modulo o accede a un URL (Uniform Resource Locator, il termine tecnico per un indirizzo web).

Un altro esempio popolare di linguaggio di scripting è JavaScript, che comunemente gestisce gli eventi che si verificano all'interno del browser. Sia PHP che JavaScript possono anche essere descritti come interpretati, perché il codice deve essere eseguito tramite un "eseguibile", come il modulo PHP o il componente JavaScript del browser. Al contrario, linguaggi compilati come C e C++ possono essere utilizzati per scrivere applicazioni autonome che possono agire indipendentemente da qualsiasi evento.

Dovresti anche capire che PHP è una tecnologia lato server e ciò si riferisce al fatto che tutto ciò che fa PHP si verifica sul server (al contrario del client, che è il computer utilizzato dall'utente che visualizza il sito Web). Un server è solo un computer configurato per fornire le pagine che vedi quando navighi sul web con il tuo browser. Vedremo questo processo in modo più dettagliato in seguito.

Infine, PHP è multipiattaforma, il che significa che può essere utilizzato su macchine che eseguono

Unix, Windows, Macintosh e altri sistemi operativi. Ancora una volta, stiamo parlando del sistema operativo del server e non del client. Non solo PHP può essere eseguito su quasi tutti i sistemi operativi ma, a differenza di molti altri linguaggi di programmazione, ti consente di passare il tuo lavoro da una piattaforma all'altra con poche o addirittura nessuna modifica. Al momento della stesura di questo documento, PHP è disponibile nelle versioni 5.6.21 e 7.0.6.

Sebbene abbia scritto questo libro utilizzando una versione stabile di PHP 7, tutto il codice è retrocompatibile, almeno con la versione 5 di PHP. Ulteriori informazioni possono essere trovate su www.PHP.net e Zend (www.zend.com), una società chiave coinvolta nello sviluppo di PHP.

La cosa di PHP che confonde la maggior parte dei nuovi principianti è proprio ciò che PHP non può fare. Sebbene sia possibile utilizzare questo linguaggio per una straordinaria gamma di attività, il suo limite principale è che non può essere utilizzato per le funzionalità lato client presenti in alcuni siti Web. Utilizzando una tecnologia lato client come JavaScript, è possibile creare una nuova finestra del browser, creare finestre di dialogo a comparsa, generare e modificare dinamicamente i moduli e molto altro ancora. Nessuna di queste attività può essere eseguita utilizzando PHP proprio perché PHP è lato server, mentre quelli sono funzioni del client. Tuttavia, puoi usare PHP per creare JavaScript, proprio come puoi usare PHP per creare HTML.

Quando arriva il momento di sviluppare i tuoi progetti PHP, ricorda che puoi usare PHP solo per inviare informazioni (HTML e simili) al browser. Non puoi fare nient'altro all'interno del browser fino a quando non viene effettuata un'altra richiesta dal server (è stato inviato un modulo o è stato fatto clic su un collegamento). Dopo questa premessa arriviamo alla domanda cruciale: perché utilizzare PHP?

In parole povere, PHP è migliore, più veloce e più facile da imparare rispetto alle alternative. Tutti i siti Web devono iniziare solo con HTML ed è possibile creare un intero sito utilizzando una serie di pagine HTML statiche. L'HTML di base, tuttavia, è un approccio limitato che non consente flessibilità o un comportamento dinamico. I visitatori che accedono a siti solo HTML vedono pagine semplici senza alcun livello di personalizzazione o comportamento dinamico.

Con PHP, puoi creare pagine interessanti e originali in base a qualsiasi fattore tu voglia considerare. PHP può anche interagire con database e file, gestire la posta elettronica e fare molte altre cose che l'HTML da solo non può. Gli sviluppatori web hanno imparato molto tempo fa che l'HTML da solo non produce siti web accattivanti e duraturi. A tal fine, le tecnologie lato server come PHP sono diventate davvero utili a fornire un supporto.

Queste tecnologie consentono agli sviluppatori di creare applicazioni web che vengono generate dinamicamente, tenendo conto degli elementi desiderati dal programmatore. Spesso basati su database, questi siti avanzati possono essere aggiornati e gestiti più facilmente rispetto alle pagine HTML statiche. Quando si tratta di scegliere una tecnologia lato server, le alternative primarie a PHP sono: ASP.NET (Active Server Pages), JSP (JavaServer Pages), Ruby (attraverso i framework Rails o Sinatra) e alcune più recenti che sfruttano JavaScript come Node.js.

Quindi la domanda è: perché uno sviluppatore web dovrebbe usare PHP invece di ASP.NET, Node.js o qualsiasi altro linguaggio per creare un sito web dinamico? PHP è molto più facile da imparare e da usare. I principianti, forse come te, senza alcuna formazione in ambito di programmazione possono scrivere facilmente script PHP dopo aver letto questo libro. In confronto, ASP.NET richiede una conoscenza di Visual Basic, C# o un altro linguaggio mentre Node.js richiede la conoscenza di JavaScript. Questi linguaggi sono più complessi e sono molto più difficili da imparare.

PHP è stato scritto specificamente per la creazione di pagine web dinamiche. L'obiettivo di

Perl, VBScript, Java e Ruby non era lo stesso e questo suggerisce che, per il suo stesso intento, PHP può svolgere determinate attività più velocemente e più facilmente delle alternative. Vorrei chiarire che sebbene io stia suggerendo che PHP è migliore per alcune cose, in particolare quelle per cui è stato creato, PHP non è un linguaggio di programmazione "migliore" di JavaScript o C# infatti tali linguaggi possono fare cose che PHP non può fare.

Inoltre, PHP è sia open-source quindi gratuito che multipiattaforma. Pertanto, puoi imparare e utilizzare PHP su quasi tutti i computer e senza alcun costo.

La sua natura open-source indica che gli utenti di PHP stanno guidando il suo sviluppo e non qualche azienda.

PHP è lo strumento più popolare disponibile per lo sviluppo di siti Web dinamici.

Al momento della stesura di questo documento, PHP è in uso su oltre l'82% di tutti i siti Web ed è il sesto linguaggio di programmazione più popolare in assoluto.

Molti dei più grandi siti Web - Yahoo, Wikipedia e Facebook, solo per citarne tre - e strumenti di gestione dei contenuti come WordPress, Drupal, Moodle e Joomla, usano PHP.

# Capitolo 2: Come funziona

PHP è un linguaggio lato server, il che significa che il codice che scrivi in PHP risiede su un computer "host" che invia le pagine web ai browser. Quando si accede a un sito Web (ad esempio www.miosito.com), il provider di servizi Internet (ISP) indirizza la richiesta al server che contiene le informazioni di www.miosito.com. Quel server legge il codice PHP e lo elabora secondo le sue istruzioni di script.

Quando il codice PHP dice al server di inviare i dati della pagina web appropriata al tuo browser sotto forma di HTML, PHP crea una pagina HTML al volo in base ai parametri di tua scelta. Ciò differisce da un sito generato da HTML in quanto quando viene effettuata una richiesta, il server invia semplicemente i dati HTML al browser: in tal caso non si verifica alcuna interpretazione lato server. Pertanto, per il browser dell'utente finale, potrebbe esserci o meno un evidente differenza tra l'aspetto di home.html e home.php, ma il modo in cui si arriva a quel punto è alterato in modo critico.

La differenza principale è che usando PHP, puoi fare in modo che il server generi dinamicamente il codice HTML. Ad esempio, potrebbero essere presentate informazioni diverse se è lunedì o martedì oppure se l'utente ha già visitato la pagina. La creazione dinamica di pagine web distingue i siti statici che sono meno attraenti da quelli interattivi che sono più interessanti e quindi più visitati.

La differenza fondamentale tra l'utilizzo di PHP e l'utilizzo di HTML semplice è che PHP fa tutto sul server e quindi invia le informazioni appropriate al browser. Questo libro spiega come utilizzare PHP per inviare i dati corretti al browser.

Probabilmente ti starai chiedendo cosa ti serve per programmare in PHP. Il requisito più importante per lavorare con PHP, poiché è un linguaggio di scripting lato server, è l'accesso a un server abilitato per PHP. Considerando la popolarità di PHP, molto probabilmente il tuo host web ha già questa opzione disponibile sui suoi server. Dovrai soltanto contattarli per vedere quale tecnologia supportano.

L'altra opzione consiste nell'installare PHP e un'applicazione del server web (come Apache) sul tuo computer. Gli utenti di Windows, Mac OS X o Linux possono facilmente installare e utilizzare PHP senza alcun costo.

Devi anche sapere che PHP è disponibile gratuitamente dal sito Web PHP (www.php.net) ed è disponibile in pacchetti facili da installare. Se adotti questo approccio, e ti consiglio di farlo, il tuo computer fungerà sia da client che da server.

Il secondo requisito è quasi scontato: devi avere un editor di testo sul tuo computer. Atom, Notepad++, UltraEdit e applicazioni gratuite simili sono tutte sufficienti per i tuoi scopi così come TextMate, SublimeText, IntellijIdea e altre applicazioni commerciali che offrono più funzionalità che potresti apprezzare.

Se sei abituato a utilizzare un'interfaccia grafica (nota anche come WYSIWYG - What You See Is What You Get) come Adobe Dreamweaver o Aptana Studio, puoi consultare il manuale dell'applicazione per vedere come programmare in PHP al suo interno.

Terzo, hai bisogno di un metodo per ottenere gli script che scrivi sul server. Se hai installato PHP sul tuo computer, puoi salvare gli script nella directory appropriata. Tuttavia, se utilizzi un server remoto con un host web, avrai bisogno di un programma SFTP (Secure File Transfer Protocol) per inviare gli script al server. Sono disponibili molte applicazioni SFTP; come FileZilla che è un software gratuito (https://filezilla-project.org).

Questo libro presuppone solo una conoscenza di base dell'HTML, anche se più ti senti a tuo agio nella gestione del codice HTML grezzo senza l'ausilio di un'applicazione WYSIWYG come

Dreamweaver, più sarà facile la transizione all'uso di PHP.

Ogni programmatore prima o poi userà HTML, quindi, a prescindere da quanto ne sai, ti incoraggio a tenere un buon libro HTML al tuo fianco.

Non è certamente richiesta una precedente esperienza in ambito di programmazione. Tuttavia, potrebbe accelerare il tuo apprendimento perché vedrai rapidamente numerose somiglianze tra i linguaggi, ad esempio, Perl e PHP oppure JavaScript e PHP.

# Capitolo 3: Sintassi di base

Quando impari un nuovo linguaggio di programmazione, inizia sempre con una comprensione della sintassi e delle funzionalità di base, che è ciò che imparerai in questo capitolo. L'attenzione qui è sui fondamenti di HTML e PHP e su come i due linguaggi lavorano insieme. Il capitolo tratta anche alcune tecniche di programmazione e debugging consigliate, il cui utilizzo faciliterà notevolmente il processo di apprendimento.

Se non hai mai programmato prima, una lettura mirata di questo capitolo ti farà iniziare sulla strada giusta. Se hai una certa esperienza di programmazione, sarai in grado di scorrere rapidamente queste pagine, ottenendo una prospettiva per il materiale rimanente del libro.

Alla fine di questo capitolo avrai scritto ed eseguito con successo i tuoi primi script PHP e sarai sulla buona strada per lo sviluppo di applicazioni web dinamiche.

# Sintassi HTML di base

Tutte le pagine web sono realizzate utilizzando HTML (Hypertext Markup Language). Ogni browser web, che si tratti di Google Chrome, Mozilla Firefox, Microsoft Internet Explorer e Edge o Apple Safari, trasforma il codice HTML:

<h1>**Benvenuto!** </h1>
**Volevo solo** <em> **salutarti**</em>.

...nella pagina web presentata all'utente. Al momento della stesura di questo documento, la versione corrente di HTML è la 5, che dovrebbe rimanere valida per un po' di tempo (è stata ufficialmente standardizzata nel 2014).

HTML5 è una versione solida e pratica del linguaggio, adatta per il Web di oggi. Prima di entrare nella sintassi di PHP, creiamo un documento HTML semplice ma valido che possa fungere da modello per molti degli esempi di questo libro.

# CSS di base

Gli elementi HTML definiscono il contenuto di una pagina ma la formattazione dell'aspetto e del comportamento di tali contenuti è lasciata ai CSS (Cascading Style Sheets). Come con l'HTML, questo libro non insegna i CSS in alcun dettaglio ma poiché parte del codice del libro utilizza CSS, dovresti avere familiarità con la sua sintassi di base. Puoi aggiungere CSS a una pagina web in due modi.

Il primo metodo, nonché il più semplice, consiste nell'utilizzare i tag di stile HTML: <style type="text/css">

/*regole */

</style>

Le regole CSS sono definite tra i tag style di apertura e di chiusura. Puoi anche utilizzare il tag HTML link per incorporare le regole CSS definite in un file esterno:

```
<link href="styles.css" rel="stylesheet" type="text/css">
```

Quel file dovrebbe contenere solo le regole, senza il tag style.

Le regole CSS vengono applicate a combinazioni di elementi generali della pagina, classi CSS e elementi specifici:

```
img {border: 0px;}
.error {color: red;}
#about {background-color: #ccc;}
```

La prima regola si applica a ogni tag immagine. La seconda si applica a qualsiasi elemento che abbia una classe error:

```
<p class = "error"> Error! </p>
```

La terza regola si applica solo all'elemento specifico che ha un valore id come segue:

```
<p id = "about"> Informazioni </p>
```

Non tutti gli elementi devono avere un attributo id ma due elementi non possono avere lo stesso valore id. Per la maggior parte, questo libro utilizza i CSS solo per fare cose semplici, come cambiare il colore del testo o il colore dello sfondo di un elemento. Per ulteriori informazioni sui CSS, ti basterà una semplice ricerca nel Web o puoi leggere un libro dedicato all'argomento.

Per creare una pagina HTML:

1. Apri l'editor di testo o l'ambiente di sviluppo integrato (IDE). Puoi utilizzare praticamente qualsiasi applicazione per creare pagine HTML e PHP. Le scelte più popolari sono Dreamweaver, PhpStorm, Sublime Text, Atom. I primi due sono IDE, il che li rende più complicati da usare ma anche più potenti mentre gli ultimi due sono editor di testo. Tutti questi programmi vengono eseguiti sui sistemi operativi più comuni.

2. Scegli File > Nuovo per creare un nuovo documento vuoto. Alcuni editor di testo ti

consentono di iniziare creando un nuovo documento di un certo tipo, ad esempio un nuovo file HTML. Se la tua applicazione ha questa opzione, usala!

3. Inizia con le righe di intestazione HTML:

   <! doctype html> <html lang = "it"> Un documento valido in HTML5 inizia con queste righe che indicano al browser web che tipo di documento aspettarsi. Per questo modello e in tutto questo libro verranno create pagine HTML5. Una delle sottigliezze di HTML5 è il suo doctype e la sua sintassi essenziale.

4. Crea la sezione head della pagina: <head>
   <meta charset="utf-8">
   <title> Benvenuto in questa pagina! </title>
   </head>

   L'intestazione di una pagina HTML dovrebbe includere il meta tag charset. L'intestazione contiene anche il titolo della pagina, che appare nella parte superiore della finestra o della scheda del browser, nonché nei segnalibri e nella cronologia del browser. Puoi anche inserire riferimenti JavaScript e CSS nell'head.

5. Crea la sezione principale della pagina anche detta corpo:

```
<body>
 <h1> Questa è una pagina HTML di base! </h1><br>
 <p> Anche con <em> alcune </em> decorazioni, non è ancora molto accattivante.</p>
</body>
```

Il contenuto della pagina, ciò che viene mostrato nel browser, va tra l'apertura e la chiusura dei tag del body.

6. Completa la pagina con un tag HTML di chiusura: </html>

7. Scegli File > Salva con nome. Nella finestra di dialogo che appare, scegli Solo testo (o ASCII) per il formato, se ti viene data l'opzione. I documenti HTML e PHP sono semplici file di testo (a differenza, ad esempio, di un documento di Microsoft Word, che è archiviato in un formato

binario proprietario). Potrebbe anche essere necessario indicare la codifica (utf-8) quando si salva il file.

8. Accedi alla posizione in cui si desidera salvare lo script. Puoi posizionare questo script ovunque desideri sul tuo computer, anche se ha senso usare una cartella dedicata per ogni script in questo libro, magari con sottocartelle per ogni capitolo.

9. Salva il file come welcome.html. Le pagine HTML5 utilizzano l'estensione .html standard.

10. Testa la pagina visualizzandola nel tuo browser. A differenza degli script PHP (come scoprirai presto), puoi testare le pagine HTML aprendole direttamente in un browser.

# Sintassi di base PHP

Ora che hai visto come verrà gestito l'HTML in questo libro, è ora di iniziare lo scripting PHP. Per creare una pagina PHP, inizierai esattamente come faresti se stessi creando un documento HTML da zero. Comprendere il motivo di ciò è di vitale importanza: i browser Web sono delle applicazioni client che comprendono l'HTML; PHP è una tecnologia lato server che non può essere eseguita nel client.

Per colmare questa lacuna, PHP viene utilizzato sul server per generare HTML che viene poi eseguito in un browser. Ci sono tre differenze principali tra una pagina HTML standard e uno script PHP. Innanzitutto, gli script PHP devono essere salvati con l'estensione file .php (ad esempio, index.php).

In secondo luogo, inserisci il codice PHP all'interno dei tag <? php e ?>, normalmente nel contesto di alcuni HTML:

...

```
<body>
  <h1> Questo è HTML. </h1>
  <?php Codice PHP! ?>
  <p> Altro HTML </p>
</body>
```

...

I tag PHP indicano le parti della pagina da eseguire tramite il processore PHP sul server.

Questo porta alla terza differenza principale: gli script PHP devono essere eseguiti su un server Web abilitato per PHP (mentre le pagine HTML possono essere visualizzate su qualsiasi computer, direttamente in un browser). Ciò significa che gli script PHP devono essere sempre eseguiti tramite un URL (https://miosito.com/pagina.php, per esempio).

Se stai visualizzando uno script PHP in un browser web e l'indirizzo non inizia con http o https, lo script PHP non funzionerà. Per fare in modo che questo primo script PHP esegua qualcosa senza troppi problemi di programmazione, utilizzerai la funzione phpinfo(). Questa funzione, quando invocata, invia una tabella di informazioni al browser web.

La tabella elenca tutte le specifiche dell'installazione PHP su quel particolare server. È un ottimo modo per testare la tua installazione PHP e ha un'elevata qualità. Tuttavia, la funzione phpinfo() non solo restituisce una tabella di informazioni, ma crea anche una pagina HTML completa per te. Quindi questo primo script PHP non richiede il codice HTML standard, aspetto che vedremo in seguito.

Per creare un nuovo script PHP sul tuo computer:

1. Crea un nuovo documento PHP nel tuo editor di testo o IDE, da chiamare phpinfo.php. In questo caso specifico, inizierai con un file vuoto. Ma se il tuo editor di testo o IDE ha modelli di file PHP per te, puoi sicuramente iniziare con uno di quelli.

2. Inizia la pagina con <?php su una riga separata. Questo tag PHP di apertura dice al server che il codice seguente è PHP e dovrebbe essere gestito come tale. Se la tua applicazione ha un modello PHP per te, potrebbe aver già creato i tag PHP. Aggiungi quanto segue nella riga successiva: phpinfo(); La sintassi verrà spiegata in dettaglio più avanti, ma in breve, questa è solo una chiamata a una funzione PHP esistente chiamata phpinfo. È necessario utilizzare le parentesi di apertura e di chiusura, senza nulla tra di esse, e il punto e virgola.

3. Digita ?> come ultima riga. Il tag PHP di chiusura dice al server che la sezione PHP dello script è finita. Ancora una volta, poiché la funzione phpinfo() genera una pagina HTML completa per te, non sono necessari tag HTML.

4. Salva lo script come phpinfo.php. Non per sopravvalutare il punto e ricorda che gli script PHP devono utilizzare un'estensione

di file valida. Molto probabilmente non avrai problemi se salvi i tuoi file come nomefile.php. È inoltre necessario essere certi che l'applicazione o il sistema operativo non stia aggiungendo un'estensione nascosta al file. Blocco note su Windows, ad esempio, tenta di aggiungere .txt a estensioni di file non comuni, il che rende inutilizzabile lo script PHP.

Il tuo script finale sarà simile al seguente:

```php
<?php
  phpinfo();
?>
```

# Capitolo 4: Testare uno script

## SFTP

A differenza dell'HTML, che può essere testato direttamente in un browser, gli script PHP devono essere eseguiti da un server abilitato per PHP per vedere i risultati. In particolare, PHP viene eseguito tramite un'applicazione server Web, come Apache, Nginx o Internet Information Server (IIS).

È possibile ottenere un server abilitato per PHP in due modi:

- Installando il software sul proprio computer;
- Acquistando un hosting web.

PHP è un software open source ed è generalmente facile da installare (senza effetti negativi sul tuo computer). Se desideri installare

PHP e un server web sul tuo computer. Se non stai eseguendo PHP sul tuo computer, dovrai trasferire i tuoi script PHP al server abilitato per PHP utilizzando SFTP (Secure File Transfer Protocol).

La società di web hosting o l'amministratore del server ti forniranno le informazioni di accesso SFTP, che inserirai in un client SFTP. Per eseguire l'SFTP dello script sul server:

1. Apri l'applicazione SFTP

2. Nella finestra di connessione dell'applicazione, inserisci le informazioni fornite dal tuo host web. L'accesso SFTP richiede un host (ad esempio, il nome di dominio o un indirizzo IP), un nome utente e una password.

3. Fai clic su Connetti (o sull'equivalente del client SFTP). Se hai fornito le informazioni corrette, dovresti riuscire a connetterti. In caso contrario, vedrai messaggi di errore nella parte superiore della finestra di FileZilla.

4. Accedi alla directory corretta per le pagine Web (ad esempio, www, htdocs o httpdocs). Potrebbe essere necessario navigare per accedere alla radice del documento Web. La radice del documento Web è la directory sul server a cui punta direttamente un URL (ad esempio, www.miosito.com, invece di www.miosito.com/cartella/). Se non sei sicuro di quale sia la radice del documento Web per la tua configurazione, consulta la documentazione fornita dalla società di hosting (o chiedi supporto). In FileZilla, la colonna di destra rappresenta i file e le directory sul server; la colonna di sinistra rappresenta i file e le directory sul tuo computer. Basta un doppio clic sulle cartelle per aprirle.

5. Carica il tuo script, phpinfo.php, sul server. Per fare ciò in FileZilla, trascina il file dalla colonna di sinistra, il tuo computer, alla colonna di destra, il server.

Alcuni editor di testo e IDE hanno funzionalità SFTP incorporate, che ti consentono di salvare i tuoi script direttamente sul server. Altre applicazioni possono eseguire script PHP senza abbandonare l'applicazione. Puoi anche trasferire file sul tuo server web utilizzando un software di controllo della versione, come Git. Sebbene questa sia una tecnica eccellente, va ben oltre lo scopo di una guida per principianti PHP.

# Test dello script

Il test di uno script PHP è un processo che si articola in due fasi. Innanzitutto, è necessario inserire lo script PHP nella directory appropriata per il server web. In seguito, bisogna eseguire lo script PHP nel tuo browser web caricando l'URL corretto. Se stai utilizzando un server web separato, come quello fornito da una società di hosting, devi solo utilizzare un'applicazione SFTP per caricare il tuo script PHP su di esso (come indicato nei passaggi precedenti).

Se hai installato PHP sul tuo computer, puoi testare i tuoi script PHP salvandoli o spostandoli nella root del documento web. Di solito è:

- ~/Sites per utenti Mac OS X (dove ~ sta per la tua directory home; non viene più creata automaticamente nelle versioni più recenti di Mac OS X, ma puoi crearne uno)
- C:\Inetpub\wwwroot per utenti Windows utenti che eseguono IIS
- C:\xampp\htdocs per utenti Windows che eseguono XAMPP
- /Applicazioni/MAMP/htdocs per utenti Mac che eseguono MAMP

Una volta che hai lo script PHP nel posto giusto, usa il tuo browser per eseguirlo.

Per testare lo script nel browser:

1. Apri il tuo browser web preferito. Per la maggior parte, PHP non si comporta in

modo diverso su browser diversi (perché PHP viene eseguito sul server) quindi utilizza il browser che preferisci. Personalmente utilizzo Google Chrome ma PHP funzionerà indipendentemente dal sistema operativo.

2. Nella barra degli indirizzi del browser, inserisci l'URL del sito in cui è stato salvato lo script. Nel mio caso, inserisco www.miosito.com, ma il tuo URL sarà sicuramente diverso. Se stai eseguendo PHP sul tuo computer, l'URL è http://localhost (Windows) o http://localhost/~nomeutente (Mac OS X), ricorda di sostituire nomeutente con il nome utente. Alcuni pacchetti all-in-one, come MAMP e XAMPP, possono anche utilizzare una porta come parte dell'URL: http://localhost:8888. Se non sei sicuro dell'URL da utilizzare, consulta la documentazione dell'applicazione del server web che hai installato.

3. Aggiungi /phpinfo.php all'URL. Se si hai inserito lo script in una sottodirectory della radice del documento Web, dovrai aggiungere anche il nome della sottodirectory all'URL (ad esempio, /cartella/phpinfo.php).

4. Premi Invio per caricare l'URL. La pagina dovrebbe essere caricata nella finestra del browser.

Se vedi del codice PHP o una pagina vuota, potrebbe significare molte cose:

- Non stai caricando lo script PHP tramite un URL (cioè, l'indirizzo non inizia con http). Tieni presente che potresti dover fare clic sulla barra degli indirizzi per visualizzare l'URL completo, compreso http, perché molti dei browser lo nascondono per impostazione predefinita.

- PHP non è stato abilitato sul server.

- Non stai usando l'estensione corretta. Se vedi un file non trovato o un errore simile potrebbe essere generato da un URL errato, dal fatto che lo script PHP non si trova nella directory corretta oppure lo script PHP non ha il nome o l'estensione corretti.

# Inviare testo al browser

PHP non sarebbe molto utile se tutto ciò che puoi fare è vedere che funziona (sebbene tale conferma sia fondamentale). Utilizzerai PHP più frequentemente per inviare informazioni al browser sotto forma di testo e tag HTML. Per farlo, usa print:

print "qualcosa";

Basta digitare la parola print, seguita da ciò che si desidera visualizzare: un semplice messaggio, il valore di una variabile, il risultato di un calcolo e così via. In questo esempio, il messaggio è una stringa di testo, quindi, deve essere racchiuso tra virgolette.

PHP non fa distinzione tra maiuscole e minuscole quando si tratta di chiamare funzioni, come phpinfo() e print. Utilizzando print, Print e PRINT si ottengono gli stessi risultati. Per essere chiari, print in realtà non stampa nulla; emette solo dati.

Quando uno script PHP viene eseguito tramite un browser, tale output PHP viene ricevuto dal browser stesso come se fosse contenuto da un file HTML statico. Nota bene che la riga termina con un punto e virgola (;). Ogni istruzione nel codice PHP deve terminare con un punto e virgola e dimenticare questo requisito è una causa comune di errori. Un'istruzione in PHP è una riga di codice eseguibile, come print "qualcosa"; o phpinfo(); Al contrario, commenti, tag PHP, strutture di controllo (ad esempio, strutture condizionali e cicli) e alcuni altri costrutti non richiedono punti e virgola.

Infine, dovresti conoscere un piccolo tecnicismo: phpinfo() è una funzione mentre print è in realtà un costrutto del linguaggio. Sebbene sia ancora standard fare riferimento a print come una funzione, poiché print è un costrutto di linguaggio, non sono necessarie parentesi quando lo si utilizza, come nell'esempio phpinfo().

Per stampare un semplice messaggio:

1. Inizia un nuovo documento HTML nel tuo editor di testo o IDE, da chiamare ciao.php:

```
<!doctype html>
<html lang="it">
<head>
<meta charset="utf-8">
<title>Benvenuto!</title>
</head>
<body>
<p>La parte seguente è creata da PHP:
```

La maggior parte di questo codice è HTML standard. L'ultima riga verrà utilizzata per distinguere tra HTML "hardcoded" e HTML generato da PHP.

2. Nella riga successiva, digita <?php per creare il tag PHP iniziale.

3. Aggiungi print "Benvenuto!"; Stampare la parola Benvenuto! (o Hello World) è il primo passo che la maggior parte dei libri di programmazione insegna. Anche se è un esercizio banale per usare PHP, non

sei veramente un programmatore finché non hai creato almeno un'applicazione Hello World!.

4. Chiudi la sezione PHP e completa la pagina HTML:

```
?> </p>
</body>
</html>
```

5. Salva il file come ciao.php, posizionalo sul tuo server abilitato per PHP e provalo nel tuo browser. Se stai eseguendo PHP sul tuo computer, ricorda che puoi salvare il file nella directory corretta e accedere allo script tramite http://localhost/. Se viene visualizzato un errore o una pagina vuota invece dei risultati mostrati nella figura, rivedi la tua configurazione.

# Capitolo 5: Inviare HTML al browser

Come hanno scoperto rapidamente coloro che per primi hanno imparato l'HTML, la visualizzazione di testo normale in un browser web lascia molto a desiderare. In effetti, l'HTML è stato creato per rendere il testo semplice più attraente e fruibile. Poiché HTML funziona aggiungendo dei tag al testo, puoi utilizzare PHP anche per inviare tag HTML al browser, insieme ad altri dati:

```
print "<b> Benvenuto! </b>";
```

C'è una situazione in cui devi stare attento. I tag HTML che richiedono virgolette doppie, come <a href="pagina.php">Link</a>, causeranno problemi se stampati da PHP, perché anche la funzione di stampa utilizza le virgolette:

```
print "<a href="pagina.php">Link</a>";
```

Una soluzione consiste nell'eliminare le virgolette all'interno del codice HTML facendole precedere da una barra rovesciata (\):

```
print "<a href=\"pagina.php\">Link</a>";
```

Evitando ogni virgoletta all'interno dell'istruzione print, si dice a PHP di stampare il segno stesso invece di considerare le virgolette come l'inizio o la fine della stringa da stampare.

Per inviare HTML al browser:

1. Apri lo script ciao.php nel tuo editor di testo o IDE, se non è già aperto.
2. All'interno dell'intestazione HTML, dichiara una classe CSS:

```
<style type = "text / css"> .bold {font-weight: bolder; } </style>
```

Questo codice CSS dichiara una classe denominata bold, che verrà utilizzata per aggiungere enfasi al testo. Questo è ovviamente un uso abbastanza banale dei

CSS ma, dichiarandolo come una classe, può essere facilmente aggiornato, magari per cambiare il colore del testo o la dimensione, insieme al suo peso.

3. Modifica il messaggio Benvenuto! aggiungendo il tag HTML, come segue:

**print** "<span class = \"**bold**\"> **Benvenuto!** </span>";

Per far risaltare la parte generata da PHP del messaggio, lo stile CSS renderà il saluto in grassetto. Affinché funzioni, è necessario utilizzare l'escape delle virgolette all'interno del tag span in modo che non entrino in conflitto con le virgolette dell'istruzione print.

4. Salva lo script come ciao2.php, posizionalo sul tuo server abilitato per PHP ed esegui la pagina nel tuo browser.

5. Visualizza il codice sorgente della pagina HTML per vedere il codice che è stato inviato al browser. La procedura dipende

dal browser, di solito basta un click destro del mouse e si trova la voce "Visualizza sorgente" o qualcosa di simile. Questo è un passo che dovresti essere abituato a fare, in particolare quando si verificano problemi. Ricorda che PHP viene utilizzato principalmente per generare HTML, inviato e interpretato dal browser. Spesso, avere una conferma di ciò che è stato inviato al browser aiuterà a spiegare il problema che stai riscontrando nell'interpretazione del browser.

# Come usare lo spazio bianco

Quando si programma in PHP, lo spazio bianco viene generalmente (ma non universalmente) ignorato. Qualsiasi riga vuota (solo una o più di seguito) nel codice PHP è irrilevante per il risultato finale. Allo stesso modo, le tabulazioni e gli spazi sono normalmente irrilevanti per PHP.

Poiché il codice PHP non è visibile nel browser (a meno che non ci sia un problema con il server), lo spazio bianco nei file PHP non ha alcun impatto su ciò che vede l'utente finale. La spaziatura del codice HTML viene visualizzata nel codice sorgente HTML di una pagina web, ma ha solo un effetto minimo su ciò che viene visualizzato nel browser. Ad esempio, tutto il codice sorgente HTML di una pagina potrebbe essere posizionato su una riga senza modificare ciò che vede l'utente finale.

Se dovessi cercare un problema nel sorgente HTML, tuttavia, non ti piacerebbe la lunga e solitaria riga di HTML. È possibile modificare la spaziatura del codice HTML generato dinamicamente stampandolo in PHP su più righe o utilizzando il carattere di nuova riga (\n) tra virgolette doppie:

```
print "Riga 1 \nRiga 2";
```

Anche in questo caso, l'uso del carattere di nuova riga influisce sul codice sorgente HTML della pagina Web, non su ciò che l'utente finale vede visualizzato nel browser. Per regolare la spaziatura nella pagina web visualizzata, devi utilizzare CSS oltre ai tag di paragrafo, div e interruzione.

## Avrei un commento

I commenti sono parte integrante della programmazione, non perché facciano qualcosa ma perché ti aiutano a ricordare il perché hai fatto qualcosa. Il computer ignora i commenti quando elabora lo script. Inoltre, i commenti PHP non vengono mai inviati al browser, rimanendo un tuo segreto.

PHP supporta tre modi per aggiungere commenti. È possibile creare un commento su una sola riga inserendo // o # all'inizio della riga che si desidera ignorare:

// Questo è un commento.

Puoi anche usare // o # per iniziare un commento alla fine di una riga PHP, in questo modo:

print "Benvenuto!"; // Volevo salutare.

Sebbene sia in gran parte un problema stilistico, // è molto più comunemente usato in PHP rispetto a #. È possibile creare un commento su più righe utilizzando /* per iniziare il commento e */ per concluderlo:

/* Questo è un

commento su

più righe. */

Alcuni programmatori preferiscono questo stile di commento perché contiene "tag" sia di apertura che di chiusura, fornendo una demarcazione per dove inizia e finisce il commento.

Per aggiungere commenti a uno script:

1. Apri il file ciao2.php creato in precedenza nel tuo editor di testo o IDE.
2. Dopo il tag PHP iniziale, aggiungi alcuni commenti al tuo script:

   /*

   * Nome file: ciao3.php

   * Creato da: Nome Cognome

   */

   Questo è solo un esempio del tipo di commenti che puoi scrivere. Dovresti documentare cosa fa lo script, su quali informazioni si basa, chi lo ha creato, quando e così via. Stilisticamente, tali commenti sono spesso posizionati all'inizio di uno script (la prima cosa all'interno della sezione PHP), utilizzando una formattazione come questa. Gli asterischi extra non sono obbligatori ma attirano solo l'attenzione sui commenti.

3. Facendo precedere l'istruzione print da due barre, ci si assicura che la chiamata alla funzione sia "commentata", il che significa che non verrà mai eseguita.

4. Dopo il tag PHP di chiusura, aggiungi un commento HTML:

   <! - Questo è un commento HTML. -> Questa riga di codice ti aiuterà a distinguere tra i diversi tipi di commenti e dove vengono visualizzati. Questo commento apparirà solo all'interno del codice sorgente HTML.

5. Salva lo script come ciao3.php, posizionalo sul tuo server abilitato per PHP ed esegui la pagina nel tuo browser web.

6. Visualizza il sorgente della pagina per vedere il commento HTML.

Ecco come dovrebbe apparire l'intero file:

```html
<!DOCTYPE html>
<html lang="it">
 <head>
  <meta charset="utf-8" />
  <title>Benvenuto!</title>
  <style type="text/css">
   .bold {
    font-weight: bolder;
   }
  </style>
 </head>
 <body>
  <p>
    La parte seguente è creata da PHP:
   <br />
   <?php
    /*
     * Filename: hello3.php
     * Created by: Nome Cognome
     */

    //print "<span class=\"bold\">Benvenuto!</span>";
   ?>
```

```html
<!-- Questo è un commento HTML -->
</p>
</body>
</html>
```

# Capitolo 6: Debug

Il debug non è affatto un concetto semplice da comprendere e, sfortunatamente, è un concetto che può essere veramente padroneggiato solo praticandolo. Potrei dedicare le prossime 50 pagine all'argomento e tu raccoglieresti ancora solo una frazione delle abilità di debug di cui avrai bisogno.

Il motivo per cui introduco il debug in questo modo straziante è che a volte il codice non funziona come previsto, inevitabilmente creerai errori e alcuni giorni vorrai strapparti i capelli, anche quando usi un linguaggio relativamente facile da usare come PHP. In breve, preparati a essere perplesso e frustrato a volte.

Scrivo codice in PHP da anni e talvolta, in modo occasionale rimango ancora bloccato nel fango della programmazione ma il debug è un'abilità molto importante da avere e che alla fine acquisirai per necessità ed esperienza. Quando inizi la tua avventura di programmazione in PHP, offro i seguenti suggerimenti di debug di base ma concreti.

Per eseguire il debug di uno script PHP:

- Assicurati di eseguire sempre gli script PHP tramite un URL, questo è forse l'errore più comune del principiante. Il codice PHP deve essere eseguito tramite l'applicazione del server web, il che significa che deve essere richiesto tramite http://qualcosa. Quando vedi il codice PHP effettivo invece del risultato dell'esecuzione di quel codice, molto probabilmente non stai eseguendo lo script PHP tramite un URL.

- Sapere quale versione di PHP stai utilizzando. Alcuni problemi derivano dalla versione di PHP in uso. Prima di utilizzare qualsiasi server abilitato per PHP, esegui il file phpinfo.php per confermare la versione di PHP in uso.

- Assicurati che display_errors sia attivo. Questa è un'impostazione di configurazione PHP di base, puoi confermare questa impostazione eseguendo la funzione phpinfo() (usa semplicemente il tuo browser per cercare display_errors nella pagina risultante). Per motivi di sicurezza, PHP potrebbe non essere impostato per visualizzare gli errori che si verificano. Se è così, finirai per vedere pagine vuote quando si verificano problemi. Per eseguire il debug della maggior parte dei problemi, dovrai visualizzare gli errori, quindi attiva questa impostazione.

- Verifica il codice sorgente HTML. A volte il problema è nascosto nel sorgente HTML della pagina. In effetti, a volte il messaggio di errore PHP può essere nascosto lì!

- Fidati del messaggio di errore. Un altro errore molto comune per i principianti è non leggere completamente o non fidarsi dell'errore segnalato da PHP. Sebbene un messaggio di errore possa essere spesso criptico e sembrare privo di significato, non può essere ignorato. Per lo meno, PHP di solito fornisce anche la riga su cui si può trovare il problema. E se hai bisogno di inoltrare quel messaggio di errore a qualcun altro, includi l'intero messaggio di errore!

- Prenditi una pausa! Molti dei problemi di programmazione che ho riscontrato nel corso degli anni e la stragrande maggioranza di quelli più difficili sono stati risolti allontanandomi dal mio computer per un po'. È facile sentirsi frustrati e confusi, e in tali situazioni, qualsiasi ulteriore passo che fai rischia di peggiorare le cose. Prenditi una pausa di qualche minuto, prendi un caffè o un tè, ritorna a leggere il codice e troverai subito la soluzione.

# Capitolo 7: Variabili

I capitoli precedenti hanno spiegato come utilizzare PHP per inviare testo semplice e HTML ad un browser web, in altre parole, qualcosa per cui non hai affatto bisogno di PHP! Non preoccuparti, questo libro ti insegnerà come usare print insieme ad altre funzionalità PHP per fare grandi cose con il tuo sito web. Per passare dalla creazione di pagine semplici e statiche ad applicazioni Web dinamiche e siti Web interattivi, sono necessarie le variabili.

Capire cosa sono le variabili, i tipi di variabili che un linguaggio supporta e come usarle è fondamentale. Questo capitolo introduce i fondamenti delle variabili in PHP e se non hai mai trattato le variabili prima, questo capitolo sarà una buona introduzione.

Se hai già familiarità con il concetto, dovresti essere in grado di seguirmi in modo più spedito.

Cosa sono le variabili? Una variabile è un contenitore di dati. Una volta che i dati sono stati memorizzati in una variabile (o, più comunemente, una volta che a una variabile è stato assegnato un valore), tali dati possono essere modificati, stampati nel browser, salvati in un database, inviati tramite posta elettronica e così via.

Le variabili in PHP sono, per loro natura, flessibili: puoi inserire dati in una variabile, recuperare quei dati da essa (senza influire sul valore della variabile), inserire nuovi dati in essa e continuare questo ciclo tutte le volte che è necessario. Tuttavia, le variabili in PHP sono in gran parte temporanee: la maggior parte esiste soltanto (cioè ha solo un valore) per la durata dell'esecuzione dello script sul server. Una volta completata l'esecuzione dello script (spesso quando si incontra il tag PHP di chiusura finale), quelle variabili cessano di esistere.

Inoltre, dopo che gli utenti fanno clic su un collegamento o hanno inviato un modulo, vengono indirizzati a una nuova pagina che potrebbe avere un insieme di variabili completamente separato. Prima di entrare troppo in profondità nella discussione delle variabili, scriviamo uno script veloce che riveli alcune delle variabili predefinite di PHP. Queste sono variabili che PHP crea automaticamente quando viene eseguito uno script.

Questo particolare esempio esamina la variabile $_SERVER predefinita. Contiene molte informazioni sul computer su cui è in esecuzione PHP. La funzione print_r() offre un modo semplice per visualizzare il valore di qualsiasi variabile:

print_r($ nome_variabile);

Fornisci semplicemente il nome della variabile che desideri esaminare come singolo argomento della funzione print_r().

Per stampare le variabili predefinite di PHP:

1. Crea un nuovo script PHP nel tuo editor di testo o IDE con il nome vars.php.
2. Crea i tag HTML iniziali:

```html
<!DOCTYPE html>
<html lang="it">
  <head>
    <meta charset="utf-8" />
    <title>Variabili predefinite</title>
  </head>
  <body>
    <pre></pre>
  </body>
</html>
```

Questo codice ripete il modello HTML creato nei capitoli precedenti. All'interno del corpo della pagina, i tag <pre> vengono utilizzati per rendere più leggibili le informazioni PHP generate. Senza utilizzare i tag <pre>, l'output della funzione print_r() sarebbe difficile da leggere in un browser.

3. Aggiungi il codice PHP:

```php
<?php
print_r($_SERVER);
?>
```

Il codice PHP contiene solo una chiamata di funzione. La funzione dovrebbe essere fornita con il nome di una variabile. In questo esempio, la variabile è $_SERVER, che è speciale in PHP perché memorizza tutti i tipi di dati sul server: il nome e il sistema operativo, il nome dell'utente corrente, le informazioni sull'applicazione del server Web (Apache, Nginx, IIS e così via) e altro ancora. Riflette anche lo script PHP in esecuzione: il suo nome, dove è memorizzato sul server e così via. Nota che devi digitare $_SERVER esattamente come è qui, in tutte le lettere maiuscole.

4. Completa la pagina HTML:

```
</pre>
</body>
</html>
```

5. Salva il file come vars.php, caricalo sul tuo server (o salvalo nella directory

appropriata sul tuo computer) e provalo nel tuo browser. Ancora una volta, ricorda che devi eseguire tutti gli script PHP tramite un URL.

6. Se possibile, trasferisci il file su un altro computer o server che esegue PHP ed esegui nuovamente lo script nel browser.

Ecco il risultato dell'esecuzione dello script in locale sul mio computer:

```
Array
(
    [HTTP_HOST] => localhost
    [HTTP_CONNECTION] => keep-alive
    [HTTP_ACCEPT] => text/html,application/xhtml+xml,applicat:
    [HTTP_UPGRADE_INSECURE_REQUESTS] => 1
    [HTTP_USER_AGENT] => Mozilla/5.0 (Macintosh; Intel Mac OS
    [HTTP_ACCEPT_ENCODING] => gzip, deflate, sdch
    [HTTP_ACCEPT_LANGUAGE] => en-US,en;q=0.8
    [PATH] => /usr/bin:/bin:/usr/sbin:/sbin
    [SERVER_SIGNATURE] =>
    [SERVER_SOFTWARE] => Apache/2.4.16 (Unix) PHP/7.0.2
    [SERVER_NAME] => localhost
    [SERVER_ADDR] => ::1
    [SERVER_PORT] => 80
    [REMOTE_ADDR] => ::1
    [DOCUMENT_ROOT] => /Users/larry/Sites
    [REQUEST_SCHEME] => http
    [CONTEXT_PREFIX] =>
    [CONTEXT_DOCUMENT_ROOT] => /Users/larry/Sites
    [SERVER_ADMIN] => you@example.com
    [SCRIPT_FILENAME] => /Users/larry/Sites/predefined.php
    [REMOTE_PORT] => 49176
    [GATEWAY_INTERFACE] => CGI/1.1
    [SERVER_PROTOCOL] => HTTP/1.1
    [REQUEST_METHOD] => GET
    [QUERY_STRING] =>
    [REQUEST_URI] => /predefined.php
    [SCRIPT_NAME] => /predefined.php
    [PHP_SELF] => /predefined.php
    [REQUEST_TIME_FLOAT] => 1453769830.966
    [REQUEST_TIME] => 1453769830
)
```

# Sintassi delle variabili

Ora che hai fatto un tuffo veloce nelle variabili, è ora di nuotare un po' più in profondità. Nell'esempio precedente, lo script ha stampato il valore della variabile $_SERVER predefinita in PHP.

Puoi anche creare le tue variabili, una volta compresa la sintassi corretta. Per creare nomi di variabili appropriati, è necessario seguire queste regole:

- Tutti i nomi di variabili devono essere preceduti da un segno di dollaro ($).
- Dopo il segno del dollaro, il nome della variabile deve iniziare con una lettera (A–Z, a–z) o con un trattino basso (_). Un numero non può trovarsi subito dopo il segno del dollaro.

- Il resto del nome della variabile può contenere qualsiasi combinazione di lettere, trattini bassi e numeri.

- Non è possibile utilizzare spazi all'interno del nome di una variabile.

- Ogni variabile deve avere un nome univoco.

- I nomi delle variabili fanno distinzione tra maiuscole e minuscole! Di conseguenza, $variabile e $Variabile sono due costrutti diversi, e sarebbe una cattiva idea usare due variabili con nomi simili.

Quest'ultimo punto è forse il più importante: i nomi delle variabili in PHP fanno distinzione tra maiuscole e minuscole. L'uso di lettere maiuscole e minuscole è una causa molto comune di bug. (Se hai usato, ad esempio, $_server o $_Server nello script precedente, te ne sarai già accorto).

Per ridurre al minimo i bug, ti consiglio le seguenti politiche:

- Usa sempre tutte le variabili con nome scritto in minuscolo.

- Rendi i nomi delle variabili descrittivi (ad esempio, $nome è meglio di $n).

- Utilizza i commenti per indicare lo scopo delle variabili, per quanto ridondante possa sembrare.

- Sii coerente con qualsiasi convenzione di denominazione tu scelga!

Adesso vedremo brevemente tre tipi comuni di variabili PHP: numeri, stringhe e array.

Tecnicamente parlando, PHP suddivide i numeri in due tipi: numeri interi e virgola mobile (noti anche come virgola mobile a doppia precisione o doppi). Discutiamo brevemente le differenze tra i due, per essere precisi. Il primo tipo di numeri, numeri interi, possono essere positivi o negativi ma non includono né frazioni né decimali. I numeri che utilizzano un punto decimale (qualcosa come 1.0) sono numeri in virgola mobile, noti anche come float.

Utilizzi numeri in virgola mobile per fare riferimento alle frazioni, perché l'unico modo per esprimere una frazione in PHP è convertirla nel suo equivalente decimale. Quindi, 1¼ è scritto come 1,25.

Una stringa è un numero qualsiasi di caratteri racchiuso tra una coppia di virgolette singole (') o doppie ("). Le stringhe possono contenere qualsiasi combinazione di caratteri esistente: lettere, numeri, simboli e spazi. Le stringhe possono anche contenere variabili. Ecco alcuni esempi di valori stringa validi: "Benvenuto!"

"Ciao, $nome $cognome!"

"1/3"

"Ciao! Come stai oggi?"

"08.02.20"

"

L'ultimo esempio è una stringa vuota, una stringa che non contiene caratteri. Per creare una stringa, racchiudi 0 o più caratteri tra virgolette, tuttavia, in alcuni casi puoi trovare dei problemi. Ad esempio:

'Ho detto "Come stai?"'

Questa stringa sarà complicata. Nei capitoli precedenti abbiamo accennato allo stesso problema per quanto riguarda la stampa del codice HTML. Quando PHP incontra le virgolette doppie nell'esempio, presuppone che la stringa finisca lì; il testo restante (Come...) causa un errore. Per utilizzare le virgolette all'interno di una stringa è necessario aggiungere una barra rovesciata (\):

"Ho detto, \"Come stai?\""

La barra rovesciata dice a PHP di trattare ogni virgoletta con escape come parte del valore della stringa, invece di usarla come indicatore di apertura o chiusura della stringa. Allo stesso modo puoi aggirare questo problema utilizzando diversi tipi di virgolette:

'Ho detto "Come stai?"'

"Ho detto, 'Come stai?'"

Passiamo adesso agli array, se una stringa o un numero contiene un singolo valore (si dice che entrambi siano scalari), ad un array può essere assegnato più di un valore. Puoi pensare a un array come un elenco o una tabella di valori: puoi inserire più stringhe e / o numeri in un array.

Gli array utilizzano le chiavi per creare e recuperare i valori che memorizzano. La struttura risultante, un elenco di coppie chiave-valore, è simile a un foglio di lavoro a due colonne. A differenza degli array in altri linguaggi di programmazione, la struttura degli array in PHP è così flessibile che può utilizzare numeri o stringhe sia per le chiavi che per i valori. La matrice non ha nemmeno bisogno di essere coerente sotto questo aspetto.

PHP supporta due tipi di array, in base al formato delle chiavi. Se l'array utilizza numeri per le chiavi, è noto come array indicizzato. Se utilizza stringhe per le chiavi, è un array associativo. In entrambi i casi, i valori nell'array possono essere di qualsiasi tipo di variabile (stringa, numero e così via).

## Assegnare un valore

Per assegnare un valore a una variabile, indipendentemente dal tipo di variabile, utilizzare il segno di uguale (=).

Pertanto, il segno di uguale è noto come operatore di assegnazione, poiché assegna il valore a destra alla variabile a sinistra. Ad esempio:

$numero = 1;

$numero = 1.2;

$stringa = "Ciao!";

Ognuna di queste righe rappresenta un'istruzione completa (ovvero un'azione eseguibile) quindi ciascuna si conclude con un punto e virgola. Per stampare il valore di una variabile, utilizza la funzione print:

print $numero;

print $stringa;

Se desideri stampare il valore di una variabile in un contesto, puoi inserire il nome della variabile nella stringa stampata, purché utilizzi le virgolette doppie:

print "Il numero è $numero";

print "La stringa è $stringa";

L'uso di print in questo modo funziona per i tipi di variabili scalari (a valore singolo): numeri e stringhe. Per i tipi di variabili complesse, array e oggetti, non è possibile utilizzare solo print:

print "_SERVER vale $_SERVER";

Come hai già visto, print_r() può gestire questi tipi non scalari e che tu abbia a che fare con variabili scalari o non scalari, non dimenticare che stampare i loro valori è un'eccellente tecnica di debug quando hai problemi con uno script.

Poiché i tipi di variabili non sono bloccati (PHP è indicato come un linguaggio di tipizzazione debole), possono essere modificati al volo:
$variable = 1;

$variabile = "Saluti";

Se stampassi ora il valore di $variabile, il risultato sarebbe Saluti.

# Capitolo 8: Form e PHP

Il capitolo precedente ha fornito una breve introduzione al tema delle variabili. Sebbene creerai comunemente le tue variabili, utilizzerai spesso le variabili insieme ai moduli HTML.

I moduli sono un'unità fondamentale dei siti Web, che abilitano funzionalità come i sistemi di registrazione e accesso, capacità di ricerca e acquisti online.

Anche il sito più semplice ha bisogno di incorporare moduli HTML. Con PHP è incredibilmente semplice ricevere e gestire i dati generati.

Con questo in mente, questo capitolo tratterà le basi della creazione di moduli HTML e spiegherà come i dati del modulo inviato sono disponibili per uno script PHP.

# Creazione di un modulo semplice

Per l'esempio del modulo HTML in questo capitolo, creerai una pagina di feedback che accetta il genere, il nome, l'indirizzo e-mail, il feedback e i commenti dell'utente. Il codice che genera un modulo è incluso tra l'apertura e tag di chiusura del form:

<form> elementi del modulo </form>

I tag del modulo determinano dove inizia e finisce un modulo. Ogni elemento del modulo deve essere inserito tra questi due tag. Il tag del modulo di apertura dovrebbe contenere anche un attributo action che indica la pagina a cui devono essere inviati i dati del modulo. Questo valore è una delle considerazioni più importanti quando crei un modulo.

In questo libro, gli attributi action puntano sempre agli script PHP:

```
<form action = "pagina.php">
```

Prima di creare questo modulo successivo, rivisitiamo brevemente l'argomento di HTML5. HTML5 introduce alcuni nuovi tipi di elementi del form, come e-mail, number e url. Questi tipi, che sono generalmente ben supportati dai browser attuali, forniscono ulteriori vantaggi rispetto a un semplice input di testo, tra cui:

- Convalida incorporata su browser (ad esempio, il browser verificherà che il testo inserito sia un indirizzo e-mail o URL sintatticamente valido).
- Migliore esperienza utente (ad esempio, una tastiera specifica per l'indirizzo e-mail presentata agli utenti mobili).

HTML5 introduce anche un attributo required che impedisce l'invio di un form senza aver inserito o selezionato un valore. Come nota finale, assegna a ciascun elemento del modulo il proprio nome univoco.

Attieniti a una convenzione di denominazione coerente quando si dai un nome agli elementi, utilizzando solo lettere, numeri e il trattino basso (_). Il risultato dovrebbe essere nomi che siano anche logici e descrittivi.

Per creare un modulo HTML di base:

1. Inizia un nuovo documento nel tuo editor di testo o IDE, da chiamare feedback.html:

```html
<! Doctype html>
<html lang="it">
 <head>
  <meta charset="utf-8" />
  <title>Modulo di feedback</title>
 </head>
 <body>
  <div>
   <p>Completa questo modulo per inviare il tuo feedback:</p>
  </div>
 </body>
</html>
```

2. Aggiungi il tag di apertura del modulo:

   <form action = "elabora_form.php">

   Il tag del modulo indica che questo modulo sarà inviato alla pagina elabora_form.php, che si trova nella stessa directory di questa pagina HTML. Puoi utilizzare un URL completo dello script PHP, se preferisci essere esplicito (ad esempio, http://www.miosito.com/elabora_form.php).

3. Aggiungi un menu di selezione più un testo da inserire per il nome della persona:

   ```
   <p>
   Nome:
    <select name="title" required>
     <option value="M">Signor</option>
     <option value="F">Signora</option>
    </select>
    <input type="text" name="nome" size="20" required />
   </p>
   ```

   Gli input per il nome della persona saranno costituiti da due elementi. Il primo è un menu a discesa: Signor e Signora. Ogni opzione elencata tra i tag di selezione è una risposta che l'utente può scegliere. Il secondo elemento è una casella di testo per il nome completo della persona. Probabilmente, questo elenco dovrebbe essere ampliato oppure potresti utilizzare un input di testo per consentire agli utenti di inserire altro. Ogni elemento del modulo, ad eccezione del pulsante di invio, avrà l'attributo required.

4. Aggiungi un input di testo per l'indirizzo e-mail dell'utente:

```
<p>Indirizzo e-mail: <input type="email"
name="email" size="20" required>
</p>
```

Il tipo di input email è nuovo in HTML5. Sui browser che lo supportano ovvero tutti i più recenti, la convalida lato client è automatica.

5. Aggiungi pulsanti di opzione per una risposta:

```
<p>
Questo sito è
<input type="radio" name="risposta"
value="eccellente" required />eccellente

<input type="radio" name="risposta"
value="buono" />buono

<input type="radio" name="risposta"
value="da_migliorare" />da migliorare
</p>
```

Questo codice HTML crea tre pulsanti di opzione e, poiché hanno tutti lo stesso valore per l'attributo name, è possibile selezionare solo uno dei tre alla volta. L'aggiunta dell'attributo required a uno di essi rende la selezione di uno di essi obbligatoria.

6. Aggiungi un'area di testo per registrare i commenti:

```
<p>Commenti:
 <textarea name="commenti" rows="3"
cols="30" required></textarea>
</p>
```

Un'area di testo offre agli utenti di più spazio per inserire i commenti rispetto ad un input di testo.

Tuttavia, l'immissione di testo ti consente di limitare la quantità di informazioni che gli utenti possono inserire, cosa che non puoi fare con l'area di testo (non senza utilizzare JavaScript, cioè).

Quando crei un modulo, scegli i tipi di input appropriati alle informazioni che desideri recuperare dall'utente. Nota bene che un'area di testo ha un tag di chiusura, a differenza del tipo di input di testo.

7. Aggiungi il pulsante di invio:

```
<input type="submit" name="submit"
value="Invia" />
```

L'attributo del valore di un input di tipo submit è ciò che appare sul pulsante nel browser. Potresti anche usare una frase, ad esempio.

8. Chiudi il tag form e completa la pagina:

```
</form>
</div>
</body>
</html>
```

9. Salva la pagina come feedback.html e visualizzala nel tuo browser.

Poiché questa è una pagina HTML e non uno script PHP, puoi visualizzarla nel tuo browser direttamente dal tuo computer.

# Scegliere un metodo

Lo sviluppatore HTML esperto noterà che al modulo di feedback appena creato manca una cosa: il tag iniziale del form non ha l'attributo di method. Questo attributo indica al server come trasmettere i dati dal modulo allo script di gestione. Hai due scelte con il metodo: GET e POST.

Per quanto riguarda i moduli, la differenza tra l'utilizzo di GET e POST è esattamente nel modo in cui le informazioni vengono passate dal modulo allo script di elaborazione.

Il metodo GET invia tutte le informazioni raccolte come parte dell'URL. Il metodo POST trasmette le informazioni in modo invisibile all'utente. Ad esempio, dopo aver inviato un modulo, se utilizzi il metodo GET, l'URL risultante sarà qualcosa come http://miosito.com/pagina.php?nome=Mirko&age=20&...

Dopo il nome dello script, pagina.php, è presente un punto interrogativo, seguito da una coppia nome = valore per ogni dato inviato. Quando si utilizza il metodo POST, l'utente finale vedrà solo http://miosito.com/pagina.php.

Quando si decide quale metodo utilizzare, bisogna tenere presenti questi quattro fattori:

- Con il metodo GET, è possibile passare una quantità limitata di informazioni.

- Il metodo GET invia i dati allo script di gestione pubblicamente (il che significa, ad esempio, che una password inserita in un modulo sarebbe visualizzabile da chiunque, creando un rischio maggiore per la sicurezza).

- Una pagina generata da un modulo che utilizzava il metodo GET può essere aggiunta ai segnalibri, Questo non è possibile per una pagina basata su POST.

- Agli utenti verrà chiesto di riconfermare il modulo se tentano di ricaricare una pagina a cui si accede tramite POST, non verrà richiesto alle pagine accessibili tramite GET.

In generale, le richieste GET vengono utilizzate quando si richiedono informazioni al server. Le pagine di ricerca utilizzano quasi sempre GET (controlla gli URL la prossima volta che utilizzi un motore di ricerca), così come i siti che impaginano i risultati (come la possibilità di sfogliare categorie di prodotti).

Il metodo POST viene normalmente utilizzato per attivare un'azione basata sul server. Potrebbe essere l'invio di un modulo di contatto (risultato: viene inviata un'e-mail) o l'invio di un commento di un blog (risultato: un commento viene aggiunto al database e quindi alla pagina).

Di solito si utilizza POST quasi esclusivamente per la gestione dei form, sebbene sia possibile usare un'utile tecnica che coinvolge il metodo GET.

Per aggiungere un metodo a un modulo:

1. Apri feedback.html nell'editor di testo o nell'IDE, se non è già aperto.

2. All'interno del tag iniziale del form, aggiungi method = "post". L'attributo del metodo del modulo indica al browser come inviare i dati del modulo allo script ricevente. Poiché potrebbero esserci molti dati nell'invio del modulo (inclusi i commenti) e poiché non avrebbe senso per l'utente aggiungere ai segnalibri la pagina risultante, POST è il metodo da utilizzare.

3. Salva lo script e ricaricalo nel browser. È importante che tu prenda l'abitudine di ricaricare le pagine nel browser dopo aver apportato le modifiche. È abbastanza facile dimenticare questo passaggio e ritrovarti sconcertato quando le tue modifiche non vengono recepite.

4. Visualizza il sorgente della pagina per assicurarti che tutti gli elementi richiesti siano presenti e abbiano gli attributi corretti.

# MySQL

# Premessa

Il sistema di gestione del database MySQL è popolare per molte ragioni. È veloce ed è facile da configurare, utilizzare e amministrare. Funziona con diversi sistemi come Unix e Windows e i programmi basati su MySQL possono essere scritti in molti linguaggi di programmazione. La popolarità di MySQL solleva la necessità di rispondere alle domande dei suoi utenti su come risolvere problemi specifici ed è questo lo scopo del libro che stai leggendo, focalizzato in ambito Web: essere una utile risorsa per imparare e per soluzioni rapide o tecniche per affrontare particolari tipi di domande che sorgono quando si utilizza MySQL nel Web.

Questo libro contiene semplici istruzioni che puoi seguire invece di sviluppare il tuo codice da zero ed è progettato per essere estremamente pratico nonché per rendere i contenuti facili da leggere e assimilare.

Contiene molte brevi sezioni, ciascuna delle quali descrive come applicare una tecnica o sviluppare uno script per risolvere un problema di portata limitata e specifica. Questo libro non sviluppa applicazioni complesse e complete quindi è perfetto anche per i principianti. Ti assiste nello sviluppo delle tue applicazioni aiutandoti a superare i problemi che ti hanno bloccato, condendo le soluzioni con un po' di teoria.

Ad esempio, una domanda comune è: "Come posso gestire virgolette e caratteri speciali nei valori dei dati quando scrivo le query?" Non è difficile, ma capire come farlo è frustrante quando non sei sicuro da dove iniziare.

Questo libro ti mostra cosa fare; ti mostra da dove iniziare e da lì come procedere. Questa conoscenza ti servirà ripetutamente perché dopo aver studiato la soluzione, sarai in grado di applicare la tecnica a qualsiasi tipo di dati o contesto. Un'altra domanda comune è: "Posso accedere ai dati da più tabelle contemporaneamente via Web?" La risposta è

"Sì" ed è facile perché basta conoscere la sintassi corretta di SQL.

Purtroppo, non è sempre chiara la teoria quindi questo libro ti offre diversi esempi utili.

Una parte dell'utilizzo di MySQL consiste nel capire come comunicare con il server, ovvero come utilizzare SQL, il linguaggio in cui vengono formulate le query. Pertanto, uno dei punti principali di questo libro è l'uso di SQL per formulare query in ambito Web che rispondano a particolari tipi di domande.

Uno strumento utile per l'apprendimento e l'utilizzo di SQL è il programma client mysql incluso nelle distribuzioni MySQL. È possibile utilizzare il client in modo interattivo per inviare dichiarazioni SQL al server e vedere i risultati. Ciò è estremamente utile per testare le tue query prima di inserirle nel tuo sito Web.

Le informazioni estratte da un database richiedono spesso un'ulteriore elaborazione o presentazione in un modo particolare. Che cosa succede se si hanno query con interrelazioni complesse, come nel caso in cui è necessario utilizzare i risultati di una query come base per altre?

Questi problemi ci portano ad altri aspetti interessanti: come scrivere programmi che interagiscono con il server MySQL attraverso un'API (application programming interface).

Quando sai come usare MySQL dal contesto di un linguaggio di programmazione, ottieni altri modi per sfruttare le capacità di MySQL:

- Puoi salvare i risultati delle query e riutilizzarli in seguito
- Hai pieno accesso alla potenza espressiva di un linguaggio di programmazione. Ciò consente di prendere decisioni in base all'esito (positivo o negativo) di una query o al contenuto delle righe restituite e quindi adattare le azioni intraprese di conseguenza

- È possibile formattare e visualizzare i risultati della query come si preferisce. Se stai scrivendo uno script della riga di comando, puoi generare testo normale, se si tratta di uno script Web, puoi generare una tabella HTML, se si tratta di un'applicazione che estrae informazioni per il trasferimento a un altro sistema, potresti generare un file di dati espresso in XML.

La combinazione di SQL con un linguaggio di programmazione generico offre un framework estremamente flessibile per la creazione di query e l'elaborazione dei loro risultati.

I linguaggi di programmazione aumentano la tua capacità per creare complesse operazioni con il database ma questo non significa che questo libro sia complesso.

Ho cercato di mantenere i capitoli molto semplici, mostrando come costruire piccoli blocchi utilizzando tecniche facili da capire e facili da padroneggiare. Lascio a te la possibilità di combinare queste tecniche nei tuoi programmi, cosa che puoi fare per produrre applicazioni arbitrariamente complesse.

Come nella musica, ci sono solo 12 note nella scala ma, nelle mani di abili compositori, sono intrecciate per produrre una ricca e infinita varietà di musica. Allo stesso modo, quando prendi una serie di semplici consigli, aggiungi la tua immaginazione e applicali ai problemi di programmazione che vuoi risolvere, in tal modo puoi produrre applicazioni che forse non sono opere d'arte ma sono sicuramente utili e produttive.

Questo libro, quindi, sarà utile per chiunque utilizzi MySQL, da persone che desiderano utilizzare un database per progetti personali come un blog o wiki, a database professionali e sviluppatori web. Ad esempio, sarà utile se desideri conoscere i database ma ti rendi conto che un "grande" sistema di database come Oracle può essere scoraggiante da apprendere.

Se non conosci MySQL, troverai molti modi per usarlo che potrebbero essere nuovi per te.

Se hai più esperienza, probabilmente hai già familiarità con alcuni dei problemi affrontati qui ma potresti non aver dovuto risolverli prima e troveresti il libro un grande risparmio di tempo. Approfitta di questo libro e usalo per i tuoi programmi piuttosto che scrivere il codice da zero, evitiamo di reinventare la ruota piuttosto cerchiamo di migliorarla.

Il materiale varia da introduttivo ad avanzato, quindi se un capitolo descrive tecniche che ti sembrano ovvie o che conosci già, sentiti libro di saltarlo. Viceversa, se non capisci qualcosa, mettila da parte e tornaci più tardi, magari dopo aver letto qualche altro capitolo. Se qualcosa dovesse ancora sfuggirti, prova a rileggere il capitolo o effettua qualche ricerca, troverai una community pronta a risolvere ogni tuo problema.

# Capitolo 1: Creare un DB

Dopo aver installato MySQL sul tuo computer dal link https://www.mysql.com/it/downloads/ o, dopo esserti collegato al tuo server MySQL in remoto, sei pronto per creare un database.

Puoi creare un database in due modi:

1) Eseguendo una semplice query SQL
2) Utilizzando MySQL Workbench

In questo capitolo imparerai:

- Creazione del database
- Creazione di tabelle MySQL

Come principiante SQL, esaminiamo prima il metodo classico.

CREATE DATABASE è il comando SQL per la creazione di un database. Immagina di dover creare un database con il nome "films". Puoi farlo eseguendo il seguente comando SQL.

```
CREATE DATABASE films;
```

Nota: puoi anche usare il comando CREATE SCHEMA invece di CREATE DATABASE.

Ora miglioriamo la nostra query SQL aggiungendo più parametri e specifiche. Un singolo server MySQL potrebbe avere più database. Se non sei l'unico ad accedere allo stesso server MySQL o se hai a che fare con più database, è probabile che tenterai di creare un nuovo database con il nome di un database esistente. IF NOT EXISTS consente di istruire il server MySQL a verificare l'esistenza di un database con un nome simile prima di creare il database.

Quando viene utilizzato IF NOT EXISTS, il database viene creato solo se il nome fornito non è in conflitto con il nome di un database esistente, infatti, senza l'uso di IF NOT EXISTS, MySQL genera un errore.

```
CREATE DATABASE IF NOT EXISTS films;
```

# Regole di confronto e set di caratteri

Le regole di confronto sono un insieme di regole utilizzate in confronto. Molte persone usano MySQL per memorizzare dati che non sono in lingua inglese, perciò, i dati vengono archiviati in MySQL utilizzando un set di caratteri specifico. Il set di caratteri può essere definito a diversi livelli vale a dire, server, database, tabella e colonne.

È necessario selezionare le regole di confronto che a loro volta dipendono dal set di caratteri scelto. Ad esempio, il set di caratteri Latin1 utilizza le regole di confronto latin1_swedish_ci che è l'ordine svedese senza distinzione tra maiuscole e minuscole.

CREATE DATABASE IF NOT EXISTS films CHARACTER SET latin1 COLLATE latin1_swedish_ci;

Per buona norma, durante l'utilizzo di lingue locali come l'arabo, il cinese ecc. bisogna selezionare il set di caratteri Unicode (utf-8) che ha diverse regole di confronto o semplicemente attenersi alle regole di confronto predefinite utf8-general-ci.

Dopo aver creato il tuo database, è possibile visualizzare l'elenco dei database esistenti eseguendo il comando SQL seguente:

SHOW DATABASES;

# Creazione di tabelle

Le tabelle possono essere create utilizzando l'istruzione CREATE TABLE che ha la seguente sintassi:

CREATE TABLE [IF NOT EXISTS] `NomeTabella` (`nomeCampo` tipoDiDato [parametri opzionali]) ENGINE = storageEngine;

In questo caso CREATE TABLE è il responsabile della creazione della tabella nel database. [IF NOT EXISTS] è facoltativo e crea la tabella solo se non viene trovato alcun nome di tabella corrispondente.

nomeCampo è il nome del campo mentre tipoDiDato definisce la natura dei dati da memorizzare nel campo, è possibile aggiungere anche dei [parametri opzionali] ovvero informazioni aggiuntive su un campo come AUTO_INCREMENT, NOT NULL.

Ecco un altro esempio:

```
CREATE  TABLE IF NOT EXISTS
`dipendente`.`Azienda` (
  `matricola` INT  AUTOINCREMENT ,
  `nome_completo` VARCHAR(150) NOT NULL,
  `genere` VARCHAR(6) ,
  `data_nascita` DATE ,
  `indirizzo` VARCHAR(255) ,
  `telefono` VARCHAR(75) ,
  `email` VARCHAR(255) ,
  PRIMARY KEY (`matricola`)
)
ENGINE = InnoDB;
```

Vediamo ora quali sono i tipi di dati di MySQL, puoi usarne uno qualsiasi ma è meglio attenersi alle tue necessità. Dovresti sempre cercare di non sottovalutare o sovrastimare il potenziale intervallo di dati durante la creazione di un database.

# Capitolo 2: Tipi di dati

I tipi di dati definiscono la natura dei dati che possono essere archiviati in una particolare colonna di una tabella. MySQL ha 3 categorie principali di tipi di dati, vale a dire:

- Numerici
- Testuali
- Data/Ora

# Numerici

I tipi di dati numerici vengono utilizzati per memorizzare valori numerici. È molto importante assicurarsi che l'intervallo dei dati sia compreso tra i limiti inferiore e superiore dei tipi di dati numerici.

Ecco una tabella riassuntiva:

| | |
|---|---|
| TINYINT | da -128 a 127<br>da 0 a 255 senza segno |
| SMALLINT | da -32768 a 32767<br>da 0 65535 senza segno |
| MEDIUMINT | da -8388608 a 8388607<br>da 0 a 16777215 senza segno |
| INT | da -2147483648 a 2147483647<br>da 0 a 4294967295 senza segno |
| BIGINT | da -9223372036854775808 a 9223372036854775807 |

|  | da      0      a 18446744073709551615 senza segno |
|--------|---------------------------------------------|
| FLOAT | Un piccolo numero approssimativo con un punto decimale |
| DOUBLE | Un grande numero con un punto decimale |
| DECIMAL | Un DOUBLE memorizzato come stringa, che consente un punto decimale fisso. Scelto per memorizzare i valori delle valute |

## Testuali

Come suggerisce il nome della categoria del tipo di dati, questi vengono utilizzati per memorizzare i valori di testo. Assicurati sempre che la lunghezza dei tuoi dati testuali non superi le lunghezze massime.

Ecco una tabella riassuntiva:

| CHAR | Una sezione fissa da 0 a 255 caratteri. |
|---|---|
| VARCHAR | Una sezione variabile da 0 a 255 caratteri. |
| TINYTEXT | Una stringa con una lunghezza massima di 255 caratteri. |
| TEXT | Una stringa con una lunghezza massima di 65535 caratteri. |
| BLOB | Una stringa con una lunghezza massima di 65535 caratteri. |
| MEDIUMTEXT | Una stringa con una lunghezza massima di 16777215 caratteri. |
| MEDIUMBLOB | Una stringa con una lunghezza massima di 16777215 caratteri. |

| LONGTEXT | Una stringa con una lunghezza massima di 4294967295 caratteri. |
|---|---|
| LONGBLOB | Una stringa con una lunghezza massima di 4294967295 caratteri. |

Probabilmente sorge spontanea una domanda: qual è la differenza tra TEXT e BLOB? Ecco la risposta.

BLOB viene utilizzato per memorizzare dati binari mentre Text viene utilizzato per memorizzare stringhe di grandi dimensioni.

I valori BLOB vengono trattati come stringhe binarie (stringhe di byte). Non hanno un set di caratteri e l'ordinamento e il confronto si basano sui valori numerici dei byte nei valori di colonna. I valori TEXT vengono trattati come stringhe non binarie (stringhe di caratteri). Hanno un set di caratteri e i valori vengono ordinati e confrontati in base alle regole di confronto del set di caratteri.

# Data / Ora e altri tipi

I tipi disponibili in questa categoria sono:

| DATE | YYYY-MM-DD |
|---|---|
| DATETIME | YYYY-MM-DD HH:MM:SS |
| TIMESTAMP | YYYYMMDDHHMMSS |
| TIME | HH:MM:SS |

Oltre a quelli già discussi, ci sono altri tipi di dati in MySQL:

| ENUM | Per memorizzare il valore di testo scelto da un elenco di valori di testo predefiniti |
|---|---|
| SET | Serve anche per memorizzare valori di testo scelti da un elenco di valori di testo predefiniti. Può avere più valori. |

| | |
|---|---|
| BOOL | Sinonimo di TINYINT (1), utilizzato per memorizzare valori booleani |
| BINARY | Simile a CHAR, la differenza è che i testi vengono memorizzati in formato binario |
| VARBINARY | Simile a VARCHAR, la differenza è che i testi sono memorizzati in formato binario ma hanno lunghezza variabile |

Vediamo ora una query SQL di esempio per la creazione di una tabella che contiene dati di tutti i tipi esaminati:

```
CREATE TABLE `all_data_types` (
    `varchar` VARCHAR( 20 ) ,
    `tinyint` TINYINT ,
    `text` TEXT ,
    `date` DATE ,
    `smallint` SMALLINT ,
    `mediumint` MEDIUMINT ,
    `int` INT ,
```

```sql
    `bigint` BIGINT ,
    `float` FLOAT( 10, 2 ) ,
    `double` DOUBLE ,
    `decimal` DECIMAL( 10, 2 ) ,
    `datetime` DATETIME ,
    `timestamp` TIMESTAMP ,
    `time` TIME ,
    `year` YEAR ,
    `char` CHAR( 10 ) ,
    `tinyblob` TINYBLOB ,
    `tinytext` TINYTEXT ,
    `blob` BLOB ,
    `mediumblob` MEDIUMBLOB ,
    `mediumtext` MEDIUMTEXT ,
    `longblob` LONGBLOB ,
    `longtext` LONGTEXT ,
    `enum` ENUM( '1', '2', '3' ) ,
    `set` SET( '1', '2', '3' ) ,
    `bool` BOOL ,
    `binary` BINARY( 20 ) ,
    `varbinary` VARBINARY( 20 )
) ENGINE= MYISAM ;
```

Ecco alcune regole utili:

- Utilizza lettere maiuscole per le parole chiave SQL, ad esempio DROP SCHEMA IF EXISTS `films`;
- Termina tutti i tuoi comandi SQL usando i punti e virgola;
- Evita di utilizzare spazi nei nomi di schemi, tabelle e campi. Utilizza invece i trattini bassi per separare i nomi di schema, tabella o campo.

# Capitolo 3: Trova i dati

La parola chiave SELECT viene utilizzata per recuperare i dati dal database MySQL. I database memorizzano i dati per un successivo recupero e lo scopo di MySQL è restituire dalle tabelle del database una o più righe che corrispondono a un determinato criterio. La query SELECT può essere utilizzata in linguaggi di scripting come PHP, Ruby o è possibile eseguirla tramite il prompt dei comandi.

È il comando SQL utilizzato più di frequente e presenta la seguente sintassi:

SELECT [DISTINCT|ALL] { * | [campoEspressione [AS nuovoNome]} FROM nomeTabella [alias] [WHERE condizione][GROUP BY nomeCampo(s)] [HAVING condizione] ORDER BY nomeCampo(s)

In questo caso:

- SELECT è la parola chiave SQL che consente al database di sapere che si desidera recuperare i dati.

- [DISTINCT | ALL] sono parole chiave facoltative che possono essere utilizzate per ottimizzare i risultati restituiti dall'istruzione SQL SELECT. Se non viene specificato nulla, si presume ALL come impostazione predefinita.

- {* | [campoEspressione [AS nuovoNome]} deve essere specificata almeno una parte, "*" ha selezionato tutti i campi dal nome di tabella specificato, campoEspressione esegue alcuni calcoli sui campi specificati come l'aggiunta di numeri o l'unione di due campi stringa in uno.

- FROM nomeTabella è obbligatorio e deve contenere almeno una tabella o più tabelle, queste devono essere separate utilizzando virgole o unite utilizzando la parola chiave JOIN.

- WHERE è una condizione facoltativa, può essere utilizzata per specificare i criteri nel set di risultati restituito dalla query.

- GROUP BY viene utilizzato per mettere insieme i record che hanno gli stessi valori di campo.

- La condizione HAVING viene utilizzata per specificare i criteri quando si lavora utilizzando la parola chiave GROUP BY.

- ORDER BY viene utilizzato per specificare l'ordinamento del set di risultati.

Il simbolo * viene utilizzato per selezionare tutte le colonne nella tabella. Un esempio di una semplice istruzione SELECT è simile a quella mostrata di seguito:

SELECT * FROM film;

L'istruzione precedente seleziona tutti i campi dalla tabella dei film. Il punto e virgola non è obbligatorio ma è considerata una buona pratica terminare tutte le istruzioni in questo modo.

| id | titolo | regista | anno_uscita | categoria |
|----|--------|---------|-------------|-----------|
| 1 | Pirati dei Caraibi 4 | Rob Marshall | 2011 | 1 |
| 2 | A beautiful mind | Ron Howard | 2002 | 2 |
| 3 | X-Men | NULL | 2008 | NULL |
| 4 | Suicide Squad | David Ayer | 2016 | NULL |

La nostra query precedente ha restituito tutte le righe e le colonne dalla tabella dei film. Diciamo che siamo interessati solo a ottenere solo i campi id e titolo. Il seguente script ci aiuterebbe a raggiungere questo obiettivo:

```
SELECT id, titolo FROM film;
```

L'esecuzione dello script precedente in MySQL Workbench produce i seguenti risultati:

| id | titolo |
|----|--------|
| 1 | Pirati dei Caraibi 4 |
| 2 | A beautiful mind |
| 3 | X-Men |
| 4 | Suicide Squad |

Diciamo che vogliamo ottenere un elenco di film dal nostro database. Vogliamo avere il titolo del film e il nome del regista in un unico campo. Inoltre, il nome del regista dovrebbe essere tra parentesi e vogliamo anche ottenere l'anno in cui il film è stato rilasciato. Il seguente script ci aiuta a raggiungere questo scopo:

```
SELECT CONCAT(`titolo`, ' (', `regista`, ')') ,
`anno_uscita` FROM `film`;
```

In questo caso la funzione CONCAT() MySQL viene utilizzata per unire i valori delle colonne. La riga CONCAT (`titolo`, '(', `regista`, ')') ottiene il titolo, aggiunge una parentesi di apertura seguita dal nome del regista, quindi aggiunge la parentesi di chiusura. Le parti vengono separate mediante virgole nella funzione CONCAT().

L'esecuzione dello script precedente in MySQL workbench produce il seguente set di risultati:

| CONCAT (`titolo`, '(', `regista`, ')') | anno_uscita |
|---|---|
| Pirati dei Caraibi 4 (Rob Marshall) | 2011 |
| A beautiful mind (Ron Howard) | 2002 |
| X-Men (NULL) | 2008 |
| Suicide Squad (David Ayer) | 2016 |

L'esempio precedente ha restituito il codice per la concatenazione come nome del campo per i nostri risultati. Supponiamo di voler utilizzare un nome di campo più descrittivo nel nostro set di risultati.

Useremmo sostanzialmente un alias della colonna per riferirci ad essa. Di seguito è riportata la sintassi di base per l'alias della colonna:

SELECT `nomeColonna|valore|espressione` [AS] `alias`;

In questo caso: [AS] è la parola chiave opzionale prima dell'alias che denota come verrà restituita l'espressione, il valore o il nome del campo.

`alias` è il nome che vogliamo restituire nel nostro set di risultati come nome del campo. Un esempio sarà meglio di mille parole:

**SELECT CONCAT(**`titolo`, ' (', `regista`, ')'**) AS** `Film e Autore`, `anno_uscita` **FROM** `film`;

| Film e autore | anno_uscita |
|---|---|
| | |

| Pirati dei Caraibi 4 (Rob Marshall) | 2011 |
|---|---|
| A beautiful mind (Ron Howard) | 2002 |
| X-Men (NULL) | 2008 |
| Suicide Squad (David Ayer) | 2016 |

Probabilmente avrai già dato un'occhiata a MySQL Workbench e ti starai chiedendo: perché devo imparare tutto ciò se posso sostituire questi comandi con un semplice click? Ovviamente puoi evitare questa sezione, ma imparare a usare il comando SELECT offre maggiore flessibilità e controllo sulle istruzioni SQL SELECT.

Il workbench MySQL rientra nella categoria degli strumenti QBE "Query by Example". Ha lo scopo di aiutare a generare più rapidamente le istruzioni SQL per aumentare la produttività dell'utente. Tuttavia, l'apprendimento del comando SQL SELECT può consentire di creare query complesse che non possono essere facilmente generate utilizzando strumenti come MySQL Workbench.

Oltre a questa motivazione potresti avere a che fare con altri tipi di base SQL o non avere a disposizione MySQL Workbench quindi in tal caso avresti il rimorso di non aver imparato una sezione semplice e molto utile.

# Condizioni WHERE

L'idea di base è molto semplice, puoi aggiungere una condizione WHERE per filtrare i dati. Ad esempio, se volessi la lista di dipendenti con matricola minore di 400, WHERE sarebbe la parola chiave da usare.

SELECT * FROM DIPENDENTI WHERE MATRICOLA < 400;

Riprendendo la tabella dei film creata poco fa' possiamo restituire la lista dei film con id maggiore di 2, in questo modo:

SELECT * FROM films WHERE ID > 2;

La lista restituita è la seguente:

| id | titolo | regista | anno_uscita | categoria |
|----|--------|---------|-------------|-----------|
| 3 | X-Men | NULL | 2008 | NULL |
| 4 | Suicide Squad | David Ayer | 2016 | NULL |

Con le parole chiave AND e OR è possibile aggiungere condizioni alle righe restituite. La prima parola chiave AND aggiunge un ulteriore vincolo quindi le righe restituite rispetteranno entrambe le condizioni descritte, la seconda OR indica che almeno una delle due condizioni sia vera.

Vediamo qualche esempio:

SELECT * FROM films WHERE id > 2 AND anno_uscita = 2008;

| id | titolo | regista | anno_uscita | categoria |
|----|--------|---------|-------------|-----------|
| 3 | X-Men | NULL | 2008 | NULL |

Allo stesso modo, vediamo come funziona OR:

SELECT * FROM films WHERE id = 2 OR anno_uscita = 2016;

| id | titolo | regista | anno_u scita | categori a |
|----|--------|---------|--------------|------------|
| 2 | A beautiful mind | Ron Howard | 2002 | 2 |
| 4 | Suicide Squad | David Ayer | 2016 | NULL |

La clausola WHERE, se utilizzata insieme alla parola chiave IN, influisce solo sulle righe i cui valori corrispondono all'elenco di valori fornito nella parola chiave IN. Quest'ultima aiuta a ridurre il numero di clausole OR che potresti dover utilizzare. La seguente query fornisce righe in cui l'id è pari 1, 2 o 3.

SELECT * FROM film WHERE id IN (1,2,3);

Questa query è equivalente a:

SELECT * FROM film WHERE id = 1 OR id = 2 OR id = 3;

Allo stesso modo è possibile usare NOT IN che si comporta in modo opposto alla parola chiave IN.

Per confrontare i valori è possibile usare diversi simboli, come illustrato nella tabella seguente:

| = | Uguale a |
|---|---|
| <> | Diverso da |
| < | Minore di |
| > | Maggiore di |
| <= | Minore o uguale a |
| >= | Maggiore o uguale a |

# Capitolo 4: Inserire i dati

INSERT INTO viene utilizzato per memorizzare i dati nelle tabelle. Il comando INSERT crea una nuova riga nella tabella per memorizzare i dati, che vengono generalmente forniti da programmi applicativi eseguiti sul database. Diamo un'occhiata alla sintassi di base del comando INSERT INTO MySQL:

INSERT INTO `nomeTabella`(colonna1, colonna2,...)
VALUES (valore1, valore2,...);

In questo caso le prime due parole chiave indicano al server MySQL di aggiungere una nuova riga in una tabella denominata nomeTabella.

I valori specificati in (colonna_1, colonna 2, ...) specifica le colonne da aggiornare nella nuova riga MySQL mentre VALUES (valore1, valore2, ...) specifica i valori da aggiungere nella nuova riga.

Quando si forniscono i valori dei dati da inserire nella nuova tabella, è necessario considerare quanto segue:

- Tipi di dati stringa: tutti i valori delle stringhe devono essere racchiusi tra virgolette singole.
- Tipi di dati numerici: tutti i valori numerici devono essere forniti direttamente senza racchiuderli tra virgolette singole o doppie.
- Tipi di dati della data: racchiudi i valori della data tra virgolette nel formato "YYYY-MM-DD".

Supponiamo di voler aggiungere un nuovo film alla tabella usata in precedenza.

**INSERT INTO** `films`
(`id`,`titolo`,`regista`,`anno_uscita`,`categoria`)
**VALUES** (5,'Il ciclone','Leonardo Pieraccioni', 1996, 3);

Il risultato di questo statement consiste nell'inserimento della riga nella tabella, come confermato dal messaggio fornito da MySQL. Tuttavia, la modifica dell'ordine delle colonne non ha alcun effetto sulla query INSERT in MySQL fintanto che i valori corretti sono stati mappati alle colonne corrette. La query mostrata di seguito è equivalente alla precedente:

```
INSERT INTO `films`
(`titolo`,`id`,`regista`,`categoria`,`anno_uscita`)
VALUES ('Il ciclone', 5,'Leonardo Pieraccioni', 3,
1996);
```

Il risultato di questa query, ovviamente, è equivalente a quello della precedente.

Tutti gli statement precedenti hanno specificato le colonne in cui inserire i dati e le hanno mappate ai valori nell'istruzione di inserimento di MySQL. Se stiamo fornendo valori per tutte le colonne nella tabella, allora possiamo omettere le colonne dalla query di inserimento MySQL. In tal modo è possibile snellire l'istruzione, scrivendo meno e ottenendo lo stesso risultato:

INSERT INTO `films` VALUES (5,'Il ciclone','Leonardo Pieraccioni', 1996, 3);

Puoi usare l'istruzione SELECT per visualizzare tutte le righe nella tabella dei film:

SELECT * FROM `films`;

# Inserimento con PHP

Probabilmente stai creando un sito Web quindi hai bisogno di usare MySQL in combinazione con PHP. La funzione mysqli_query viene utilizzata per eseguire query SQL in PHP.

La funzione può essere utilizzata per eseguire i seguenti tipi di query:

- Inserimenti
- Selezione
- Aggiornamenti
- Eliminazione

La sintassi di questa funzione è la seguente:

mysqli_query ($db_handle, $query);

Ma vediamo un esempio concreto:

```php
<?php
$server = "localhost";
$username = "test";
$password = "prova";
$dbname = "ricette";

// Creo la connessione
$conn = mysqli_connect($server, $username,
$password, $dbname);

// Controllo la connessione
if (!$conn) {
 die("Connessione fallita: " .
mysqli_connect_error());
}

$sql= "INSERT INTO primi(nome_piatto, difficolta)
VALUES ('Pasta con il sugo', 1)";
if (mysqli_query($conn, $sql)) {
    echo "Riga aggiunta con successo".'<br>';
```

```php
} else {
    echo "Si è verificato un errore: " . $sql. "<br>" .
mysqli_error($conn);
}
?>
```

# Capitolo 5: Cancellare i dati

Il comando MySQL DELETE viene utilizzato per eliminare le righe non più necessarie dalle tabelle del database. In questo modo si elimina l'intera riga dalla tabella e restituisce il conteggio delle righe eliminate. Il comando DELETE è utile per eliminare dati temporanei o obsoleti dal database.

In MySQL, con questo comando, si può eliminare più di una riga da una tabella in una singola query e questo aspetto si rivela vantaggioso quando si vuole rimuovere un numero elevato di righe da una tabella.

Attenzione! Dopo aver eliminato una riga dalla tabella, non può essere ripristinata. Si consiglia vivamente di eseguire backup del database prima di eliminare qualsiasi dato dal database. Ciò può consentire di ripristinare il database e visualizzare i dati o fare confronti in un secondo momento se necessario.

È consigliato schedulare dei backup del tuo database, ad esempio con dei semplici cron puoi indicare al tuo server di eseguire un backup ogni notte all'orario che preferisci e salvarlo in una cartella dedicata.

Per cancellare una riga da una tabella la sintassi è davvero semplice da capire e da ricordare:

DELETE FROM `nomeTabella` [WHERE condizione];

La prima parte indica a MySQL il nome della tabella da cui rimuovere i dati mentre la seconda parte, che è opzionale, indica le condizioni che le righe da eliminare devono rispettare.

Facciamo un esempio sulla classica tabella films:

DELETE FROM `films` WHERE id > 3;

In questo caso stiamo eliminando tutte le righe della tabella che hanno id maggiore di 3. Non sappiamo se la tabella contiene uno, due o dieci elementi, né sappiamo quanti elementi saranno eliminati. A questi problemi si può ovviare con una semplice SELECT:

SELECT * FROM `films`;

| id | titolo | regista | anno_uscita | categoria |
|---|---|---|---|---|
| 1 | Pirati dei Caraibi 4 | Rob Marshall | 2011 | 1 |
| 2 | A beautiful mind | Ron Howard | 2002 | 2 |
| 3 | X-Men | NULL | 2008 | NULL |
| 4 | Suicide Squad | David Ayer | 2016 | NULL |
| 5 | Il ciclone | Leonardo Pieraccioni | 1996 | 3 |

Questo è il risultato prima della cancellazione quindi prevediamo che verranno cancellati 2 film da questa tabella ovvero Suicide Squad e Il ciclone. Eseguiamo la DELETE e rieseguiamo la SELECT:

| id | titolo | regista | anno_uscita | categoria |
|----|--------|---------|-------------|-----------|
| 1 | Pirati dei Caraibi 4 | Rob Marshall | 2011 | 1 |
| 2 | A beautiful mind | Ron Howard | 2002 | 2 |
| 3 | X-Men | NULL | 2008 | NULL |

Adesso la tabella si presenta esattamente come previsto, inoltre, avrai notato che il comando DELETE ti ha restituito il numero di righe eliminate.

Come condizioni della DELETE puoi usare tutte quelle viste per la SELECT ma presta particolare attenzione. Ricorda sempre di specificare delle condizioni altrimenti rischi di cancellare l'intera tabella.

Se hai eseguito un comando simile a questo:

```
DELETE FROM `films`;
```

…la tabella continuerà ad esistere ma avrai perso tutti i suoi dati. In questo caso ti renderai conto dell'importanza di avere dei backup.

# Capitolo 6: Aggiornare i dati

Il comando UPDATE di MySQL viene utilizzato per modificare ovvero aggiornare le righe in una tabella. Il comando può essere utilizzato per aggiornare un singolo campo o più campi contemporaneamente e può anche essere utilizzato per aggiornare una tabella MySQL con i valori di un'altra tabella.

La sintassi di base in MySQL è la seguente:

UPDATE `nomeTabella` SET `nomeColonna` = `nuovoValore` [WHERE condizione];


La parola chiave UPDATE è il comando che indica a MySQL di aggiornare i dati in una tabella mentre SET `nomeColonna` = `nuovoValore` fanno riferimento rispettivamente ai nomi e ai valori dei campi che saranno interessati dalla query di aggiornamento.

Nota, quando si impostano i valori di UPDATE, i tipi di dati stringa devono essere racchiusi tra virgolette singole mentre i valori numerici non devono essere racchiusi tra virgolette. Il tipo di dati riferiti a date deve essere racchiuso tra virgolette singole e nel formato 'YYYY-MM-DD'.

La parte finale [WHERE condizione] è opzionale e può essere utilizzata per aggiungere un filtro sul numero di righe interessate dalla query UPDATE. Se non specifichi una condizione di aggiornamento tutte le righe della tabella saranno interessate dalla modifica, esattamente come abbiamo visto per la DELETE.

Vediamo un esempio:

**SELECT * FROM** `films` **WHERE** id **=** 1;
Il risultato sarà il seguente:

| id | titolo | regista | anno_uscita | categoria |
|----|--------|---------|-------------|-----------|
| 1 | Pirati dei Caraibi 4 | Rob Marshall | 2011 | 1 |

Modifichiamo la categoria in modo tale che sia pari a 4:

UPDATE `films` SET categoria = 4 WHERE id = 1;

Rieseguiamo la SELECT e noteremo che la categoria è ora pari a 4:

| id | titolo | regista | anno_uscita | categoria |
|----|--------|---------|-------------|-----------|
| 1 | Pirati dei Caraibi 4 | Rob Marshall | 2011 | 4 |

In questo caso l'aggiornamento è stato filtrato dalla condizione WHERE quindi tutti gli altri film non hanno subito variazioni.

Se avessimo omesso la condizione da questa query tutti i film avrebbero avuto categoria pari a 4, si tratta dello stesso meccanismo visto per la DELETE.

# Capitolo 7: Ordinare i risultati

Utilizzando il comando SELECT, i risultati sono restituiti nello stesso ordine in cui sono stati aggiunti i record al database e questo è l'ordinamento predefinito. In questo capitolo vedremo come ordinare i risultati della nostra query.

L'ordinamento consiste semplicemente nel riorganizzare i risultati della nostra query in un modo specifico. L'ordinamento può essere eseguito su una singola colonna o su più di una colonna e può essere eseguito su colonne contenenti numeri, stringhe o date.

L'istruzione MySQL ORDER BY viene utilizzata insieme alla query SELECT per ordinare i dati in modo ordinato sia in ordine crescente che in ordine decrescente.

Ecco la sintassi:

SELECT ... [WHERE condizione | GROUP BY
`nomeCampo` HAVING condizione] ORDER BY
`nomeCampo` [ASC | DESC];

In questo caso oltre alla SELECT che conosciamo
già, abbiamo [WHERE condizione | GROUP BY
`nomeCampo` HAVING condizione] che una la
condizione facoltativa utilizzata per filtrare i set di
risultati della query.

ORDER BY esegue l'ordinamento del set di risultati
della query nel modo specificato da [ASC | DESC].
Nota bene che ASC viene utilizzato come
impostazione predefinita.

Cosa significano ASC e DESC?

| ASC (ascendente) | DESC (discendente) |
|---|---|
| Viene utilizzato per ordinare i risultati della query in ordine dall'alto verso il basso | Viene utilizzato per ordinare i risultati della query in un ordine dal basso verso l'alto |

| | |
|---|---|
| Quando si lavora con le date, la data più vecchia viene visualizzata in cima all'elenco | Quando si lavora con le date, l'ultima data (la più recente) viene mostrata in cima all'elenco |
| Quando si lavora con tipi di dati numerici, i valori più bassi vengono visualizzati in cima all'elenco | Quando si lavora con tipi di dati numerici, i valori più alti vengono visualizzati nella parte superiore del set di risultati della query |
| Quando si lavora con i tipi di dati stringa, il set di risultati della query viene ordinato da quelli che iniziano con la lettera A fino alla lettera Z | Quando si lavora con i tipi di dati stringa, il set di risultati della query viene ordinato da quelli che iniziano con la lettera Z fino alla lettera A |

Vediamo un esempio sulla tabella films:

SELECT * FROM `films` ORDER BY ID ASC;

In tal caso verrà restituito questo elenco:

| id | titolo | regista | anno_uscita | categoria |
|---|---|---|---|---|
| 1 | Pirati dei Caraibi 4 | Rob Marshall | 2011 | 1 |
| 2 | A beautiful mind | Ron Howard | 2002 | 2 |
| 3 | X-Men | NULL | 2008 | NULL |
| 4 | Suicide Squad | David Ayer | 2016 | NULL |
| 5 | Il ciclone | Leonardo Pieraccioni | 1996 | 3 |

Proviamo ad invertire l'ordine:

SELECT * FROM `films` ORDER BY ID DESC;

Ecco il risultato:

| id | titolo | regista | anno_uscita | categoria |
|---|---|---|---|---|
| 5 | Il ciclone | Leonardo Pieraccioni | 1996 | 3 |
| 4 | Suicide Squad | David Ayer | 2016 | NULL |
| 3 | X-Men | NULL | 2008 | NULL |
| 2 | A beautiful mind | Ron Howard | 2002 | 2 |
| 1 | Pirati dei Caraibi 4 | Rob Marshall | 2011 | 1 |

Probabilmente ti starai chiedendo perché usare DESC e ASC?

Supponiamo di voler stampare una cronologia dei pagamenti per un dipendente per aiutare il nostro commercialista, non sarebbe più logico stampare i pagamenti in ordine cronologico decrescente a partire dal pagamento più recente fino al pagamento meno recente?

DESC in SQL è una parola chiave che diventa utile in tali situazioni. Possiamo scrivere una query che ordina l'elenco in ordine decrescente utilizzando la data di pagamento.

Supponiamo, invece, di gestire il database di un grande magazzino e vogliamo vedere quali sono gli oggetti con meno disponibilità ovvero che stanno per finire. Ci serve questa informazione per poter fare un ordine e rifornire il nostro magazzino.

La parola chiave ASC è utile in tali situazioni; possiamo ottenere l'elenco degli oggetti con la relativa quantità a partire da zero e in ordine crescente. Gli elementi con valore pari a zero saranno quelli non disponibili nel nostro magazzino mentre quelli con quantità pari a 1 sono quelli che stanno per terminare.

Ecco un esempio:

```sql
SELECT * FROM `magazzino` ORDER BY quantita
ASC;
```

# Capitolo 8: Jolly

I caratteri jolly in MySQL sono caratteri che aiutano a cercare i dati che corrispondono a criteri complessi. I caratteri jolly vengono utilizzati insieme all'operatore di confronto LIKE o all'operatore di confronto NOT LIKE.

Se hai familiarità con l'utilizzo dell'SQL, potresti pensare di poter cercare dati complessi utilizzando la clausola SELECT e WHERE. Allora perché usare i caratteri jolly? Prima di rispondere a questa domanda, diamo un'occhiata a un esempio.

# Il carattere %

Supponiamo di aver memorizzato un JSON in un campo del database, questo JSON contiene delle informazioni anagrafiche dell'utente come nome, cognome, data di nascita ecc. in questo modo:

{nome: 'Antonio', cognome: 'Rossi', dataNascita: '10/11/1980'...}

Abbiamo una lista di campi come questo e i dati non sono strutturati ovvero non hai una tabella con nome, cognome, dataNascita ecc. In questo caso una classica SELECT non ti aiuterebbe a ritrovare gli elementi ed è per questo che esistono i caratteri jolly.

**SELECT * FROM** utenti **WHERE** anagrafica **LIKE** '%Antonio%';

Con una query come questa è possibile ritrovare tutte le righe dove nel campo anagrafica è presente la parola Antonio seguita o preceduta da altri caratteri.

Avrai intuito che se eliminiamo il carattere jolly % dall'inizio della stringa verranno restituite tutte le righe dove nel campo anagrafica è presente la parola Antonio seguita da altri caratteri.

# Il carattere _

Il carattere jolly di sottolineatura (_) viene utilizzato per abbinare esattamente un carattere. Supponiamo che oggi ricorra la festività di S. Antonio quindi vogliamo cercare tutti gli utenti di nome Antonio o Antonia. In questo caso ci aspettiamo esattamente un carattere che potrebbe avere un valore qualsiasi.

Useremo il carattere jolly di sottolineatura per ottenere ciò con lo script seguente:

**SELECT * FROM** utenti **WHERE** anagrafica **LIKE**
'%Antoni_';

In questo caso verranno restituiti verosimilmente valori come Antonio o Antonia ma, se volessimo includere anche Antonietta, sapresti già come fare. Ti basterà digitare:

**SELECT * FROM** utenti **WHERE** anagrafica **LIKE**
'%Anton%';

L'operatore logico NOT può essere utilizzato insieme ai caratteri jolly per restituire righe che non corrispondono al modello specificato. Useremmo l'operatore logico NOT insieme al carattere jolly di sottolineatura per ottenere tutti i risultati diversi da Antonio o Antonia come nel seguente script:

**SELECT * FROM** utenti **WHERE** anagrafica **NOT**
**LIKE** '%Antoni_';

# Parola chiave ESCAPE

Adesso che sai come ritrovare dei valori nei campi più complessi, assumiamo di avere un JSON che contiene la percentuale degli sconti applicati in magazzino. Vogliamo trovare tutte le righe dove lo sconto è pari al 50%:

SELECT * FROM magazzimo WHERE scontistica LIKE '%50%';


Questa query ti farà sbattere contro uno scoglio perché restituirà tutte le righe nel campo scontistica dove trova 50 seguito da alcuni caratteri. Per ovviare a questo problema dovremmo riformulare la query usando la parola chiave ESCAPE:

SELECT * FROM magazzimo WHERE scontistica LIKE '%50#%%' ESCAPE '#';

Fai attenzione al doppio "%%" nella clausola LIKE, il primo "%" viene considerato come parte della stringa da cercare mentre l'altro viene utilizzato per abbinare qualsiasi numero di caratteri che seguono la stringa cercata.

La stessa query funzionerà anche con altri caratteri usati come escape, basta informare MySQL:

**SELECT** * **FROM** magazzimo **WHERE** scontistica **LIKE** '50=%%' **ESCAPE** '=';

# Capitolo 9: Espressioni regolari

Partiamo dalla domanda: cosa sono le espressioni regolari?

Le espressioni regolari aiutano a cercare i dati che corrispondono a criteri complessi. Abbiamo già esaminato i caratteri jolly nel capitolo precedente quindi credi di aver visto di tutto. Se hai già lavorato con i caratteri jolly, potresti chiederti perché imparare le espressioni regolari quando puoi ottenere risultati simili usando i caratteri jolly.

Tutto questo semplicemente perché, rispetto ai caratteri jolly, le espressioni regolari ci consentono di cercare dati che corrispondono a criteri ancora più complessi.

La sintassi di base per un'espressione regolare è la seguente:

SELECT ... WHERE nomeCampo REGEXP 'pattern';

REGEXP è l'operatore di espressione regolare mentre 'pattern' rappresenta il modello a cui deve corrispondere REGEXP. Talvolta è usato anche RLIKE che è il sinonimo di REGEXP e ottiene gli stessi risultati di REGEXP. Per evitare di confonderlo con l'operatore LIKE, è preferibile utilizzare invece REGEXP.

SELECT * FROM utenti WHERE anagrafica REGEXP 'Anton';

La query precedente cerca tutte le anagrafiche degli utenti che contengono la parola Anton. Non importa se si trova all'inizio, al centro o alla fine del campo, finché è contenuto nell'anagrafica, verrà considerato.

Supponiamo di voler cercare un utente che inizia con a, b, c o d, seguito da un numero qualsiasi di altri caratteri, come possiamo cercare in modo efficiente? Possiamo usare un'espressione regolare insieme ai metacaratteri per ottenere i risultati desiderati.

**SELECT * FROM** utenti **WHERE** anagrafica REGEXP '^[abcd]';

Diamo ora uno sguardo da vicino alla nostra espressione regolare. Nel pattern '^ [abcd]' l'accento circonflesso (^) significa che il pattern match deve essere applicato all'inizio e la lista di caratteri [abcd] indica che solo gli utenti che iniziano con a, b, c o d vengono restituiti nel nostro set di risultati.

Modifica lo script proposto sopra usando la parola chiave NOT e vedrai che verranno restituiti tutti gli elementi che non iniziano con a, b, c o d.

Quello che abbiamo visto nell'esempio sopra è la forma più semplice di un'espressione regolare. Diamo ora un'occhiata alle espressioni regolari più avanzate.

Supponiamo di voler cercare titoli di film dalla nostra tabella che iniziano con il pattern "codice" usando solo un'espressione regolare, come lo faremmo? La risposta sono i metacaratteri che ci consentono di mettere a punto i nostri risultati di ricerca di pattern utilizzando espressioni regolari.

| Carattere | Descrizione | Esempio |
|---|---|---|
| * | Il metacarattere asterisco (*) viene utilizzato per trovare zero (0) o più istanze delle stringhe che lo precedono | SELECT * FROM films WHERE titolo REGEXP 'll*'; restituirà titoli che contengono i caratteri "ll". Per esempio, "ll codice da Vinci" |
| + | Il metacarattere più (+) viene utilizzato per trovare una o più istanze di | SELECT * FROM films WHERE titolo REGEXP 'mon+'; darà tutti i film contenenti i caratteri "mon". |

| | stringhe che lo precedono | Ad esempio, Angeli e demoni |
|---|---|---|
| ? | Il metacarattere punto interrogativo (?) viene utilizzato per trovare zero (0) o una istanza delle stringhe che lo precedono | SELECT * FROM categoria WHERE nome REGEXP 'com?'; darà tutte le categorie contenenti "com". Ad esempio, commedia e commedia romantica |
| . | Il metacarattere punto (.) viene utilizzato per abbinare ogni singolo carattere ad eccezione di una nuova riga | SELECT * FROM films WHERE anno_uscita REGEXP '201.'; darà tutti i film usciti negli anni che iniziano con i caratteri "201" seguiti da un |

| | | |
|---|---|---|
| | | singolo carattere. Ad esempio, 2015,2012,2010 ecc. |
| [abc] | La lista di caratteri [abc] viene utilizzata per trovare la corrispondenza con i caratteri racchiusi | SELECT * FROM films WHERE titolo REGEXP '[vwxyz]'; darà tutti i film contenenti un singolo carattere in "vwxyz". Ad esempio, X-Men, Il Codice Da Vinci, ecc. |
| [^abc] | La lista di caratteri con ^ [^ abc] è usata per abbinare qualsiasi | SELECT * FROM films WHERE titolo REGEXP '^[^vwxyz]'; darà tutti i film contenenti |

| | carattere escluso quelli racchiusi | caratteri diversi da quelli in "vwxyz" |
|---|---|---|
| [A-Z] | [AZ] viene utilizzata per abbinare qualsiasi lettera maiuscola | SELECT * FROM utenti WHERE indirizzo REGEXP '[A-Z]'; darà tutti gli utenti che hanno un indirizzo postale contenente qualsiasi carattere dalla A alla Z. Ad esempio, Via Pippo 1 |
| [az] | [az] viene utilizzata per abbinare qualsiasi lettera minuscola | SELECT * FROM utenti WHERE indirizzo REGEXP '[a-z]'; darà tutti gli utenti che |

|  |  | hanno indirizzi postali contenenti qualsiasi carattere dalla a alla z. Ad esempio, Via Pippo 1 |
| --- | --- | --- |
| [0-9] | [0-9] viene utilizzato per abbinare qualsiasi cifra da 0 a 9 | SELECT * FROM utenti WHERE telefono REGEXP '[0-9]' darà tutti gli utenti che hanno telefono contenente i caratteri "[0-9]" |
| ^ | L'accento circonflesso (^) viene utilizzato per avviare la ricerca dall'inizio | SELECT * FROM films WHERE titolo REGEXP '^[cd]'; fornisce tutti i film con il titolo che iniziano con uno |

| | | qualsiasi dei caratteri in "cd" |
|---|---|---|
| \| | La barra verticale (\|) viene utilizzata per isolare le alternative | SELECT * FROM films WHERE titolo REGEXP '^[cd]\|^[u]'; fornisce tutti i film con il titolo che iniziano con uno dei caratteri in "cd" o "u" |
| [[:<:]] | [[:<:]] corrisponde all'inizio delle parole | SELECT * FROM films WHERE titolo REGEXP '[[:<:]]for'; fornisce tutti i film con titoli che iniziano con i caratteri For. Ad esempio: Fortuna |

| [[:>:]] | [[:>:]] corrisponde alla fine delle parole | SELECT * FROM films WHERE titolo REGEXP 'ack[[:>:]]'; fornisce tutti i film con titoli che terminano con i caratteri "ack". Ad esempio, Man in Black |
|---|---|---|
| [: class:] | [:class:] corrisponde a una classe di caratteri vale a dire [:alpha:] per far corrispondere lettere, [:space:] per lo spazio bianco, [:punct:] per la punteggiatura e [:upper:] per le lettere maiuscole | SELECT * FROM films WHERE titolo REGEXP '[:alpha:]'; fornisce tutti i film con titoli contenenti solo lettere. Ad esempio, Fortuna, Il ciclone, Suicide Squad ecc. Film come Pirati dei |

| | | Caraibi 4 |
|---|---|---|
| | | saranno omessi |
| | | da questa query |

La barra rovesciata (\) viene utilizzata come carattere di escape. Se vogliamo usarlo come parte del pattern in un'espressione regolare, dovremmo usare i doppi backslash (\\).

# Capitolo 10: Funzioni

MySQL può fare molto di più che archiviare e recuperare i dati, infatti, possiamo anche eseguire manipolazioni sui dati prima di recuperarli o salvarli. È qui che entrano in gioco le funzioni MySQL.

Le funzioni sono semplicemente pezzi di codice che eseguono alcune operazioni e poi restituiscono un risultato. Alcune funzioni accettano parametri mentre altre funzioni non accettano parametri. Vediamo brevemente un esempio della funzione MySQL.

Per impostazione predefinita, MySQL salva le date nel formato "YYYY-MM-DD". Supponiamo di aver creato un'applicazione e che i nostri utenti desiderino che la data venga restituita nel formato "GG-MM-AAAA", possiamo utilizzare la funzione DATE_FORMAT incorporata di MySQL per ottenere questa conversione.

DATE_FORMAT è una delle funzioni più utilizzate in MySQL e sulla base dell'esempio fornito, le persone con esperienza in ambito di programmazione potrebbero pensare: "Perché preoccuparsi delle funzioni MySQL? Lo stesso effetto può essere ottenuto con il linguaggio di scripting / programmazione?".

È vero che possiamo ottenerlo scrivendo alcune procedure o funzioni nel programma applicativo ma tornando al nostro esempio dell'introduzione, affinché i nostri utenti ottengano i dati nel formato desiderato, l'elaborazione necessaria dovrà essere eseguita dal livello di business e questo diventa un problema quando l'applicazione deve integrarsi con altri sistemi.

Quando usiamo le funzioni di MySQL come DATE_FORMAT, possiamo avere quella funzionalità incorporata nel database e qualsiasi applicazione che necessita dei dati, li ottiene nel formato richiesto. Ciò riduce la rielaborazione nella business logic e riduce le incoerenze dei dati.

Un altro motivo per cui dovremmo considerare l'utilizzo delle funzioni MySQL è il fatto che può aiutare a ridurre il traffico di rete nelle applicazioni client / server. Il business layer dovrà solo effettuare chiamate alle funzioni senza la necessità di manipolare i dati.

In media, l'uso delle funzioni può aiutare a migliorare notevolmente le prestazioni complessive del sistema e MySQL viene fornito, per fortuna, con una serie di funzioni integrate. Le funzioni integrate sono semplicemente funzioni già implementate nel server MySQL.

Queste funzioni ci consentono di eseguire diversi tipi di manipolazioni sui dati e possono essere classificate fondamentalmente nelle seguenti categorie più utilizzate.

- Funzioni per le stringhe - operano su tipi di dati stringa;
- Funzioni numeriche - operano su dati numerici;
- Funzioni per le date - operano su date;

- Funzioni aggregate - operano su tutti i tipi di dati sopra e producono set di risultati riepilogativi;
- Altre funzioni - MySQL supporta anche altri tipi di funzioni incorporate ma più avanzate.

# Funzioni aggregate

Le funzioni aggregate riguardano l'esecuzione di calcoli su più righe di una singola colonna di una tabella e restituiscono un singolo valore. Lo standard ISO definisce cinque funzioni aggregate e cioè:

1) COUNT
2) SUM
3) AVG
4) MIN
5) MAX

Perché utilizzare le funzioni aggregate? Le funzioni aggregate ci consentono di produrre facilmente dati riepilogativi dal nostro database. Ad esempio, dal nostro database films, potrebbero essere necessari i seguenti report:

- Numero di film nella tabella
- Numero di film nella tabella e usciti nel 2002
- Elenco delle categorie presenti nella tabella senza ripetizioni

Possiamo produrre questi report facilmente ed utilizzando le funzioni aggregate che andiamo ad esaminare.

La funzione COUNT restituisce il numero totale di valori nel campo specificato. Funziona su tipi di dati, sia numerici che non numerici. Tutte le funzioni aggregate escludono per impostazione predefinita i valori NULL prima di lavorare sui dati.

COUNT(*) è un'implementazione speciale della funzione COUNT che restituisce il conteggio di tutte le righe in una tabella specificata. COUNT(*) considera anche NULL e duplicati.

Per scoprire quanti film ci sono nella tabella possiamo usare questa query:

`SELECT COUNT(*) FROM films;`

In questo caso abbiamo già risposto alla prima domanda dell'elenco perché il risultato di questa query sarà esattamente quello che cerchiamo.

Per il secondo report è sufficiente inserire la clausola WHERE alla SELECT:

`SELECT COUNT(*) FROM films WHERE anno_uscita = 2002;`

In questo modo verrà restituito il numero di elementi con anno_uscita pari a 2002.

L'ultimo report è un po' più complesso, infatti, con la seguente SELECT avremmo l'elenco di tutte le categorie nella tabella:

```
SELECT categoria FROM films;
```

Supponendo di avere una tabella con 5 categorie e 200 righe, verrebbero restituite 200 righe in totale.

Per evitare le ripetizioni nella colonna categoria, è sufficiente usare la parola chiave DISTINCT come segue:

```
SELECT DISTINCT(categoria) FROM films;
```

In tal modo verranno restituite tutte le categorie ma senza ripetizioni.

Supponiamo di voler sapere quando è uscito il film più vecchio nel nostro archivio e quando il più nuovo. Come possiamo procedere? Esistono delle funzioni che possono tornare utili? La risposta è affermativa e potremo usare MIN e MAX per recuperare rispettivamente il film più vecchio e quello più recente.

```
SELECT MIN(anno_uscita) FROM films;
```

SELECT MAX(anno_uscita) FROM films;

Queste query restituiranno rispettivamente 1996 e 2016 che corrispondono nella nostra tabella all'anno di uscita del film "Il ciclone" e all'anno di uscita del film "Suicide Squad".

Allo stesso modo puoi sommare e fare la media di una colonna di valori nella tua tabella. Prendiamo in esame la seguente tabella che riporta lo stipendio mensile di un impiegato:

| mese_riferimento | stipendio |
|---|---|
| settembre | 1312 |
| ottobre | 1350 |
| novembre | 1495 |
| dicembre | 2400 |

In questo caso vogliamo la somma totale e la media, per semplicità abbiamo inserito lo stipendio come valore intero.

SELECT SUM(stipendio) FROM busta_paga;

```sql
SELECT AVG(stipendio) FROM busta_paga;
```

# Capitolo 11: Valori NULL

In MySQL NULL è sia un valore che una parola chiave. Diamo prima un'occhiata al valore NULL. In termini semplici, NULL è semplicemente un segnaposto per dati che non esistono. Quando si eseguono operazioni di inserimento sulle tabelle, ci saranno momenti in cui alcuni valori non saranno disponibili, pertanto, useremo NULL come valore.

Per soddisfare i requisiti dei veri sistemi di gestione di database relazionali, MySQL utilizza NULL come segnaposto per i valori che non sono stati inviati.

NULL non è un tipo di dati e questo significa che non è riconosciuto come INT, DATE o qualsiasi altro tipo di dati definito.

Le operazioni aritmetiche che coinvolgono NULL restituiscono sempre NULL, ad esempio 69 + NULL = NULL.

Tutte le funzioni aggregate interessano solo le righe che non hanno valori NULL, come abbiamo visto nel caso della COUNT.

L'operatore logico NOT viene utilizzato per verificare le condizioni booleane (vero o falso) e restituisce true (vero) se la condizione è falsa. L'operatore NOT restituisce false (falso) se la condizione testata è vera. Ma quando usare questo operatore? Ci saranno casi in cui dovremo eseguire calcoli su un set di risultati di query e restituire i valori.

L'esecuzione di operazioni aritmetiche su colonne che hanno il valore NULL restituisce risultati NULL quindi al fine di evitare che si verifichino tali situazioni, possiamo impiegare l'uso della clausola NOT NULL per limitare i risultati su cui operano i nostri dati.

Supponiamo di voler creare una tabella con determinati campi che dovrebbero sempre essere forniti con valori quando si inseriscono nuove righe in una tabella. Possiamo usare la clausola NOT

NULL su un dato campo durante la creazione della tabella.

```
CREATE TABLE impiegato(
   matricola int NOT NULL,
   nome_completo varchar(255) ,
   sesso varchar(6),
   telefono int
);
```

L'esempio mostrato di seguito crea una nuova tabella che contiene i dati del dipendente. La matricola del dipendente deve essere sempre fornita perché diamo per scontato che ogni dipendente abbia un identificativo univoco e non nullo.

Se provassi ad inserire una riga in questa tabella senza fornire la matricola, il sistema genererebbe un errore e la riga non verrebbe inserita.

NULL può anche essere utilizzato come parola chiave quando si eseguono operazioni booleane su valori che includono NULL. La parola chiave "IS

/ NOT" viene utilizzata insieme alla parola NULL per tali scopi. La sintassi di base quando si utilizza NULL come parola chiave è la seguente

nomeColonna **IS NULL**
nomeColonna **IS NOT NULL**


IS NULL è la parola chiave che esegue il confronto booleano e restituisce true se il valore fornito è NULL e false se il valore fornito non è NULL. NOT NULL è la parola chiave che esegue il confronto booleano e restituisce i valori invertiti.

Vediamo ora un esempio pratico che utilizza la parola chiave NOT NULL per eliminare tutti i valori di colonna che hanno valori NULL.

**SELECT** * **FROM** impiegato **WHERE** telefono **IS NOT NULL;**


Continuando con l'esempio precedente, supponiamo di aver bisogno dei dettagli dei dipendenti il cui numero di telefono non è nullo.

Nella query appena eseguita viene effettuato un confronto con la logica a tre valori: l'esecuzione di operazioni booleane su condizioni che coinvolgono NULL può restituire Unknown, True o False.

Ad esempio, l'utilizzo della parola chiave IS NULL quando si eseguono operazioni di confronto che coinvolgono NULL può restituire True o False. L'utilizzo di altri operatori di confronto restituisce Unknown (cioè un valore sconosciuto).

# Capitolo 12:

# AUTO_INCREMENT

L'incremento automatico è una funzione che opera su tipi di dati numerici e genera automaticamente valori numerici sequenziali ogni volta che un record viene inserito in una tabella per un campo definito come AUTO_INCREMENT.

Sappiamo che i dati devono essere archiviati con ridondanza minima, archiviando i dati in molte piccole tabelle, correlate tra loro utilizzando dei collegamenti tra loro detti chiavi primarie o chiavi esterne. Una chiave primaria deve essere univoca poiché identifica in modo univoco una riga in un database.

Ma come possiamo garantire che la chiave primaria sia sempre unica? Una delle possibili soluzioni sarebbe quella di utilizzare una formula per generare la chiave primaria, che verifica l'esistenza della chiave nella tabella, prima di aggiungere i dati. Questo può funzionare bene ma come puoi vedere l'approccio è complesso e non infallibile.

Per evitare tale complessità e per garantire che la chiave primaria sia sempre univoca, possiamo utilizzare la funzionalità di incremento automatico di MySQL per generare le chiavi primarie. L'incremento automatico viene utilizzato con il tipo di dati INT. Il tipo di dati INT supporta valori sia con segno che senza segno e, come abbiamo già visto nei primi capitoli, i tipi di dati senza segno possono contenere solo numeri positivi.

Come buona norma, si consiglia di definire il vincolo senza segno sulla chiave primaria di incremento automatico. Vediamo lo script utilizzato per creare la matricola dei dipendenti:

```
CREATE TABLE `impiegato` (
  `matricola` int(11) AUTO_INCREMENT,
  `nome` varchar(150) NOT NULL,
  `cognome` varchar(500) NOT NULL,
  PRIMARY KEY (`matricola`)
);
```

Nota bene la parola chiave AUTO_INCREMENT nel campo matricola. Questo fa sì che la matricola dell'impiegato venga generata automaticamente ogni volta che una nuova riga viene inserita nella tabella. Questo dato non viene fornito quando si inseriscono dati nella tabella, lasciandolo generare direttamente a MySQL. Per impostazione predefinita, il valore iniziale per AUTO_INCREMENT è pari a 1 e aumenterà di 1 unità per ogni nuovo record inserito.

Vediamo come inserire i dati in questa tabella:

```
INSERT INTO `impiegato` (`nome`, `cognome`)
VALUES ('Antonio', 'Rossi');
```

Tieni presente che non abbiamo fornito la matricola del dipendente. MySQL l'ha generata automaticamente per noi perché è definito come incremento automatico. Se vuoi ottenere l'ultima matricola che è stata generata da MySQL, puoi usare la funzione LAST_INSERT_ID. Lo script mostrato di seguito restituirà l'ultima matricola che è stata generata:

```
SELECT LAST_INSERT_ID();
```

L'esecuzione dello script precedente fornisce l'ultimo numero di incremento automatico generato dalla query.

# Capitolo 13: Gli indici

Gli indici in MySQL ordinano i dati in modo sequenziale organizzato. Vengono creati sulle colonne che verranno utilizzate per filtrare i dati. Pensa a un indice come ad un elenco in ordine alfabetico, è più facile cercare i nomi che sono stati ordinati in ordine alfabetico rispetto a quelli che non lo sono.

L'utilizzo di un indice su tabelle che vengono aggiornate di frequente può causare prestazioni scadenti. Questo perché MySQL crea un nuovo blocco indice ogni volta che i dati vengono aggiunti o aggiornati nella tabella. In genere, gli indici dovrebbero essere utilizzati su tabelle i cui dati non cambiano frequentemente ma vengono utilizzate molto nelle query di ricerca.

A nessuno piacciono i sistemi lenti. Le elevate prestazioni del sistema sono di primaria importanza in quasi tutti i sistemi di database. La maggior parte delle aziende investe molto nell'hardware in modo che il recupero e la manipolazione dei dati possano essere più rapidi ma c'è un limite agli investimenti hardware che un'azienda può fare. L'ottimizzazione del database è una soluzione economica e di gran lunga migliore.

La lentezza nel tempo di risposta è solitamente dovuta al fatto che i record vengono memorizzati in modo casuale nelle tabelle del database. Le query di ricerca devono scorrere tutti i record memorizzati in modo casuale uno dopo l'altro per individuare i dati desiderati. Ciò si traduce in database con prestazioni scadenti quando si tratta di recuperare dati da tabelle di grandi dimensioni.

Pertanto, vengono utilizzati gli indici che ordinano i dati per semplificare la ricerca.

Gli indici possono essere definiti in 2 modi:

- Al momento della creazione del tavolo

- Dopo che la tabella è stata creata

Esempio:

Per il nostro database degli impiegati ci aspettiamo molte ricerche con un nome completo ovvero nome e cognome del dipendente. Aggiungeremo la colonna "nome_completo" all'indice in una nuova tabella "dipendenti_indice".

Lo script mostrato di seguito ci aiuta a raggiungere questo obiettivo:

```
CREATE TABLE `dipendenti_indice` (
 `matricola` int(11) NOT NULL AUTO_INCREMENT,
 `nome_completo` varchar(150) NOT NULL,
 `sesso` varchar(6) DEFAULT NULL,
 `data_nascita` date DEFAULT NULL,
 `indirizzo` varchar(255) DEFAULT NULL,
 `cap` varchar(255) DEFAULT NULL,
 `telefono` varchar(75) DEFAULT NULL,
 `email` varchar(255) DEFAULT NULL,
 PRIMARY KEY (`matricola`),
INDEX(nome_completo)
) ENGINE=InnoDB;
```

Man mano che la base dei dipendenti si espande e il numero di record aumenta, le query di ricerca sulla tabella dipendenti_indice che utilizzano le clausole WHERE e ORDER BY saranno molto più veloci rispetto a quelle eseguite nella tabella dei dipendenti senza aver definito l'indice.

# Aggiungere un indice

L'esempio precedente ha creato l'indice durante la definizione della tabella del database. Supponiamo di avere già una tabella definita e ci accorgiamo che le query di ricerca su di essa sono molto lente. Impiegano troppo tempo per restituire i risultati.

Dopo aver esaminato il problema, scopriamo che possiamo migliorare notevolmente le prestazioni del sistema creando un indice sulla colonna più comunemente utilizzata nella clausola WHERE. Possiamo usare la seguente query per aggiungere un indice:

```
CREATE INDEX cognome_index ON
impiegato(cognome);
```

Ciò significa che tutte le query di ricerca nella tabella degli impiegati che utilizzano il cognome saranno più veloci. Le query di ricerca su altri campi nella tabella dei film saranno tuttavia ancora più lente rispetto a quelle basate sul campo indicizzato. Nota: è possibile creare indici su più colonne, se necessario, a seconda dei campi che si intende utilizzare per il motore di ricerca del database.

Se desideri visualizzare gli indici definiti su una particolare tabella, puoi utilizzare il seguente script:

SHOW INDEXES **FROM** impiegato;

Nota bene: le chiavi primarie e le chiavi esterne sulla tabella sono già indicizzate da MySQL. Ogni indice ha il proprio nome univoco e viene mostrata anche la colonna in cui è definito.

## Rimuovere un indice

Il comando DROP INDEX viene utilizzato per rimuovere gli indici già definiti su una tabella.

Ci possono essere momenti in cui hai già definito un indice su una tabella che viene aggiornato frequentemente. Potrebbe essere necessario rimuovere gli indici su tale tabella per migliorare le prestazioni delle query UPDATE e INSERT. La sintassi di base utilizzata per rimuovere un indice su una tabella è la seguente:

DROP INDEX `cognome_index` ON `impiegato`;

www.ingramcontent.com/pod-product-compliance
Lightning Source LLC
La Vergne TN
LVHW051349050326
832903LV00030B/2903